楊國生著

松風室文存

文史哲出版社印行

松風室文存 / 楊國生著. -- 初版 -- 臺北市：
文史哲, 民 107.01
頁； 公分
ISBN 978-986-314-400-7（平裝）

848.6　　　　　　　　107000267

松風室文存

著　　者：楊　國　生
出 版 者：文 史 哲 出 版 社
http:// www.lapen.com.tw
e-mail：lapen@ms74.hinet.net
登記證字號：行政院新聞局版臺業字五三三七號
發 行 人：彭　正　雄
發 行 所：文 史 哲 出 版 社
印 刷 者：文 史 哲 出 版 社
臺北市羅斯福路一段七十二巷四號
郵政劃撥帳號：一六一八〇一七五
電話886-2-23511028・傳真886-2-23965656
實價新臺幣三二〇元

二〇一八年（民一〇七）二月初版

ISBN 978-986-314-400-7　　83902

出版的話

這本文存，收錄作者以往在工作與研究中提出的報告和著述以及在其它刊物發表的著作，經審視整理，刪去事過境遷與不合時宜之作，共選列二十二篇與詩詞五十首，分為四個單元陳列。

燕文拉雜寫來，既欠文采，所述更稱不上是「經國之大業」的文章，不免有「敝帚自珍」之譏，惟其中亦不乏反映當時所處時代之真實狀況與個人所持之理念。

文存之出版，一不為求名，二不為求利，祇在實現真實之自我而已。

松風室文存　2

編纂說明

本文存，共收錄作者以往之著作二十二篇，詩詞五十首，經區分為論述、鄉賢史話、紀念文、詩詞四輯。

一、論述部份：共有論文及報告七篇，其中（一）「赤壁之戰的戰略評析」一文，係在國立政治大學東亞研究所於陶師希聖所授「中國文化史」課中所撰之報告。陶師當時曾命我們自己出題，就中國歷史上重大事件撰寫一篇論文，我因就以「三國志」赤壁之戰的史實，寫了本文，蒙陶師評予高分，至感榮幸。（二）「淺論中蘇共的戰略問題」，亦為在東亞所專題研究討論中所提引言，如今，以時移事遷，當年的戰略思維與策略運用，或已有不同的觀念和解釋，列入本集內僅供參閱。（三）「我國女性公務人員增長趨勢與因應措施之研究」，係在公務人員教育中心行政管理研究班所提之研究報告，此為三十多年前發現之人事管理問題及相關因應意見，尚具有前瞻性，今日檢視，所提問題與意見，部分均已採用實施。（四）「對公務員行政中立問題的幾點意見」，係作者參加立法院公聽會與學者專家座談時以個人名義所提出，惜祇作參考而已。鑒於公務人員已淪為政黨執政後之工具，不禁為「行政中立」一詞長嘆！（五）「英國地方政府人事制度及近年來中央文官制度的改革狀況」一文，係作者於一九九四年奉派率團赴英國考察之報告。本文由作者策劃並與考察團同仁廖世和、莊清賢、廖世立諸先生共同研商所定訂，由廖世立先生執筆之自存紀念版本，其資料引述詳實，甚具參考價值。（六）「唐代詩人王維其人其畫」及（七）「清代畫家鄭燮的繪畫思想與藝術成就」二文，為作者退休後重啓藝術研究之成果，並送揚州市書畫研究院發表之著作。

二、鄉賢史話部分，係載於家兄鳳來生前任職於財政部台北支付處時，公餘所編「菱川鄉訊」季刊之專欄，就故鄉高郵在民國以前歷代鄉賢所作之系列報導：（一）宋代詞人秦少游（二）經學大師王氏父子（三）早期來台二鄉賢（四）臨澤鄉賢喬竦、喬執中父子（五）鄉土文學韋柏森的竹枝詞（六）英烈夫人毛惜惜共六篇。旨在推崇吾鄉傑出先賢在學術文采與政績上之事功。其中（二）經文因當期鄉訊已有同鄉先進撰文報導，故未刊出及（六）毛文亦因鄉訊停刊未載，茲一併列入文存。

三、紀念文部分：共有九篇，其中「靈岩山恭謁李公根源墓記」及「走過那段坎坷歲月」及誄詞，均為近作，走文係悼念二兄鳳來逝世一周年之追思文並附紀念先慈及先長兄二文，原載拙著「八十回顧」，茲一併錄存以供參閱。另「韋世伯鶴琴先生印象記」，原載高郵市盂城詩社主編之「鶴影琴音」紀念文集，「王城先生事略」係應王公治喪會委撰，「從寶島風景郵戳話寶島風光紀念冊序」文載陳序廷先生紀念冊及「回憶在臨小時的二三事」原載二〇一〇年慶祝臨澤小學建校百年紀念冊。

四、詩詞部分：係作者自民國五十七年始所創作之詩詞共五十首，輯為「松風吟草」一卷，其緣起已在吟草弁言中陳述，不再贅述。

松風室文存

目 次

論述部分

松風室文存　10

赤壁之戰的戰略評析

（一九七一年作）

一、緒　言

東漢獻帝建安十三年（公元二〇八年）秋，曹操、孫權、劉備三方軍力會戰於赤壁（今湖北省嘉魚縣），史稱「赤壁之戰」。戰後，曹操敗退返許都，孫權保有江東，劉備則據有荊州、襄陽並經營西蜀，形成了三方鼎力之局，東漢王朝於焉分裂為魏、蜀、吳三國。因此赤壁之戰，在我國歷史上是一場影響深遠的戰爭，深值吾人重視。謹就三方戰前兵力態勢，戰爭結果及其戰略運用以至形成的鼎力形勢，簡析如後。

二、赤壁戰前曹、孫、劉三方兵力態勢

（一）曹軍方面

建安十三年秋九月，曹操於擊敗袁紹及北伐烏桓勝利後，南征劉表。因劉表病故，由其次子劉琮代之，曹軍入荊州，劉琮未通報劉備即倉皇率軍民降曹。曹軍得其水軍、艦船、步兵數十萬人，擁有戰船千艘，加上其北方青徐兵馬，號稱八十三萬人，沿江布署，並遣使馳檄江東，邀孫權會獵於江夏（今湖北省武昌市），共擒劉備，分荊州之地，以永結盟好。

（二）孫軍方面

孫權仗其父兄奠定的基礎，割據江東，地方數千里，兵精糧足，將士用命。但孫軍內部懾於曹軍聲勢，議論紛陳，以為「曹操得荊州，奄有其地，所獲劉表水軍之「蒙衝戰艦」

數以千計，沿江布署，兼有步兵，水陸俱下，長江天險已與我共之」主張降曹。東吳中護軍領江夏太守周瑜獨排眾議，主張抗曹。但孫權所能集結的兵力「五萬人尚難卒合」僅選精兵三萬人及艦船、糧食以及戰具等付予周瑜，進駐夏口（今湖北省漢口市）。孫權並將續發兵馬，資糧以為後援。

周瑜兵力僅有三萬人，這在戰略上是處於敵眾我寡的劣勢。但周瑜所持戰勝的信念是基於下列各點：

1、曹軍不能曠日持久。

2、曹操北土未安，馬超、韓遂尚在關西，為操後患。

3、捨鞍馬、仗舟楫，與吳越爭衡，本非北兵之長。

4、時當盛寒之際，馬無藁草，驅中土士眾遠涉江湖之間，不習水土必生疾病。

周瑜認為「此四者，用兵之患也」。他對曹軍兵力的判斷，論為其北方兵主力不過十五、六萬人，且已久戰疲弊。荊州降曹之兵，僅約七、八萬人，在運用上，尚存懷疑，故敵眾雖多，未足為畏。

（三）劉軍方面

劉備初屯兵樊口（今湖北省鄂城縣西北），不知荊州已降曹軍，於是率軍民過襄陽至當陽之長坂，為曹軍追至，劉軍棄人眾與輜重奔漢津至夏口。此時其兵力僅得長坂戰後歸隊者約千餘人，關羽水軍精甲萬人，江夏太守劉琦軍約萬餘人，合計約二萬餘人，兵少勢弱。軍師諸葛亮請命求救於孫權，諸葛在戰略上主張聯吳抗曹，他向孫權獻策「北方之兵，不習水戰，荊州之軍附曹者，逼於兵勢，非心服也」。這一判斷和周瑜相同，他建議孫、劉兩軍應「協規同力」共同破曹。諸葛的策略獲得孫權的贊同。劉備為了雙方結盟，也「乘單舸往見周瑜」，以示雙方協同的誠意。

故在赤壁之戰的直前兵力態勢，孫劉兩軍已同心協力成為同盟軍，共同對抗曹軍，這場戰役就成為曹軍與孫劉盟軍的決戰。

三、曹軍與孫劉盟軍決戰經過與結果

曹操南征的主要目的，是殲滅劉備，他在佔領荊州後，曾以「精騎五千，一日一夜行三百餘里」以追劉備，但在對東吳方面，卻一直抱有聯吳擒劉的戰略設想，故以戰船沿江陳兵，虛張聲勢，並未主動出擊。據「江表傳」：「初曹聞周瑜年少有美才，謂可游說動之」，遂密遣九江人蔣幹往見周瑜，瑜知其來意，就直接告以「假使蘇秦更生，酈叟復出，猶撫其背而折其辭，豈足下幼生所能移乎」？斷然拒絕了曹方游說。曹操招降周瑜之計不成，卻中了黃蓋的詐降之計。

當時，曹軍士眾已患有疾病，初戰即告失利。另一方面周瑜部將黃蓋偵察到曹軍艦船首尾相連接的特徵，認為這是一大弱點，可以用火攻殲敵，周瑜採納，因此黃蓋部署了大船數十艘，裝滿薪草易燃物，灌以油膏，覆上帷幕，上建牙旗（獻降的記號），先書報曹操獻降。曹操雖懷疑有詐，但仍許以爵賞。黃蓋在大船後再預備了「走舸」十艘（「走舸」

可能是一種在大船發火後，作為撤退士眾之用的快船），於船隊行於中途後揚帆，直趨曹營。此時曹營官兵以為吳軍來降，皆出營觀望黃蓋降船，黃蓋船隊至距曹營二里許，即下令同時發火，並令船上士兵大聲叫嚷「投降」，這時，船如箭發，風助火勢，火烈風猛，引燃曹船，曹軍毫無防備，致燒盡曹船並延燒至岸上營寨，曹軍人馬燒溺而死亡者甚眾，全軍潰敗。曹操留曹仁守江陵，率殘部返許都。孫劉聯軍登岸追擊，因周瑜在圍攻江陵戰中，右脅中流矢致受創甚重。亦率軍退返。

是役後，孫權拜周瑜為偏將軍、領南郡太守，黃蓋拜武鋒中郎將，劉備上表以劉琦為荊州刺史，順理佔領了荊州，襄陽。

四、赤壁之戰各方戰略運用評析

(一) 曹軍方面

曹操一向以「兵略家」自詡，他確曾飽讀兵書，據「異同雜語」，曹操曾抄集諸家兵法名為「接要」，又曾註「孫子兵法」十三篇，是一位精通兵略之士，但在赤壁之役，他卻犯了許多錯誤：

1、曹操南征劉表，迫使劉琮倉促獻降，合乎兵法上「趨其所不意，行千里而不勞」的法則，因此獲得荊州的軍馬、戰船、資糧等資源。他以所率北方青徐兵為主力的兵力，加上荊州納降的水軍，號稱八十三萬人馬，沿江布署，這當然有虛張聲勢的心戰效果。故他以為有這樣強大的聲勢，可以使東吳望風歸順，可以收「不戰而屈人之兵」的效果，並沒有主動打擊孫劉之兵，這也可能是對荊州降軍尚存懷疑而不敢重用，故在戰略上已失去先機與主動優勢。

2、曹軍很可能以為有這樣強大的兵力，可以懾迫孫劉軍，軍心動搖，故以招降吳軍為主要手段，如前章所述他對周瑜的遊說。另據「資治通鑑漢紀」：操曾遺書孫權稱「近者奉辭伐罪，旌麾南指，劉琮束手，今治水軍八十萬眾將與將軍會獵於吳」。孫權將書以示眾，群下莫不震驚失色，這確已收到心戰效果。所以曹對黃蓋的詐降，竟信以為真，從而陷入「戰略心理學」上的盲點。

3、曹操在戰略上的第三個誤判，就是輕敵，以致在被火攻後，竟無防護應變之策與救援之道，使近百萬大軍一敗塗地。據「江表傳」：「戰後，操曾與孫權書云：「赤壁之役，值有疾病，孤燒船自退，橫使周瑜虛獲此名」。他竟不願承認他的失敗。

(二) 孫軍方面

孫權採納周瑜的抗曹主張，而這次戰役，是一場以寡擊眾的戰爭，因此周瑜在戰略運用上有以下特點：

1、周瑜在戰前對曹軍的優弱點研判完全正確，他憑藉的戰勝信念就是以所訓練精良的水軍優勢，來打贏這場戰爭。但是他的兵力顯然太少，故在戰略上不可能以大規模的聲勢伐曹，以達成「為漢家除殘去穢」消滅曹軍的目標，他祇能打一場近代戰略學家所謂的「有限目的戰爭」。

2、周瑜為遂行「有限目的戰爭」，在戰略上他就要集中兵力尋找敵人弱點進攻，故當部將黃蓋偵察到曹軍艦船首尾相連結的特徵後，他們認為可以用火攻戰法焚燒其戰船。周瑜允許黃蓋以詐降之法使曹操誤判以致輕敵，這在戰略上是至當而成功的。

3、周瑜治軍嚴明，劉備往見周瑜時，欲與魯肅等共議，周瑜以「受命不得妄委署」而予以拒絕，其治軍嚴謹如此，亦為其致勝之道。

（三）劉軍方面

1、諸葛亮瞭解劉軍兵力薄弱，自力無法抵抗曹軍，故在戰略上主張聯吳。他向孫權獻策，孫劉雙方應「協規同力」共同破曹，獲得孫權的贊同。

2、諸葛的戰略，符合他的「隆中決策（註）」中所定戰略目標。故他以和孫權「可以為援」，而以這場戰爭為契機，使劉備獲得以荊襄為基地。

從以上三方的戰略運用分析，赤壁之戰的結果，曹操的戰敗是必然，孫權可以穩保江東，因周瑜在作戰中受傷，其戰果無從擴大。而劉備則是這場戰爭的最大贏家。

五、赤壁戰後的形勢

赤壁戰後，曹操退返許都，仍占有九州的三分之二國土。孫權保有江東六十四郡縣和荊州所屬的一半地盤。劉備則獲有荊州一半之地作為立足點，從而向益州西蜀發展。如此，曹、孫、劉三方鼎足之勢形成。

建安二十四年（公元二二〇年）春，曹操亡故，子曹丕代為丞相魏王，是年冬篡漢接帝位，國號魏。劉備於次年稱帝於蜀，孫權雖臣服於魏，在九年後魏明帝太和三年（公元二二九年），也稱帝建立吳國，遂成為歷史上的「三國時代」。這是秦始皇統一六國後，中國歷史上的再次分裂。

六、結論

赤壁戰後的結果，絕非曹操戰略上所期望，而孫、劉兩方雖在戰爭中獲勝，但他們並不滿足這一偏安之局。正如諸葛亮在出師表中所言：「王業不偏安」。諸葛亮在「隆中決策」中所策定的戰略目標是：以荊、益為基地，待天下有變，命一上將軍以荊州之軍以向宛洛，劉備率益州之眾直出秦川，兩軍分進，奠定中原，以成霸業。這個計畫雖因其它變數而未能實現，但從而可以看出，三國鼎立祇是一個變局，也就註定日後魏、蜀、吳三者之間的紛擾和爭戰。

就「歷史的反省」觀，在中國歷史上的分合演進過程中，天下大一統仍是演進中的主軸。這是吾人讀史的一點體認。

註：「隆中決策」，是劉備三顧草廬造訪諸葛亮時的一段對話。劉備問計於諸葛，諸葛對天下大勢作了分析，並策定了圖霸天下的戰畧目標。史稱「隆中決策」，亦有稱之為「隆中對」。

參考書籍

晉陳壽著「三國志」
宋裴松之註三國志、江表傳
資治通鑑漢紀五十七
孫子兵法
李德哈達戰略論
黑格爾歷史哲學

淺論中蘇共的戰略問題

（一九七一年作）

蘇聯軍事學家一向服膺「軍事就是政治的延伸」這個概念。蘇共早期的軍事學家哥魯比夫 Gelubev 曾經說過「軍事名詞所說的戰略，實際上就是政治戰略的一部分」。共產黨人所謂的戰略，應當是一種「大戰略」它是包括政治的、軍事的、經濟的以及文化的等，而不是克勞塞維茨在「戰爭論」（On War）中所定義的「一種使用會戰為手段，以獲得戰爭目的之藝術」的概念。

史達林在「論列寧主義基礎」一書中對戰略的解釋是這樣的：「戰略，是規定無產階級在革命某一階段上的主要打擊方向，製定革命力量（主要的和次要的後備力量）底相當佈置計畫，在革命這個階段整個過程中，為實現這個計畫而奮鬥」。這裏，他所講的戰略，主要是「目標」的和「後備力量」的佈署以及運用問題。

共產黨的戰略目標，是奪取政權，消滅一切階級。而在實現這個目標的過程中，它是分成若干個階段進行，每一個階段有其一定的打擊方向，有一定的限度。

中共在革命初期，其鬥爭策略是師承史達林的戰略指導。其對當時國民黨這一戰略目標的打擊，就是配合情勢採取逐步分化，集中一點打擊的方針。毛澤東在「中國革命戰爭中的戰略問題」中曾說過：「要取得戰爭的勝利，必須首先解決主觀與客觀之間的矛盾，這裡的關鍵，就在把主觀與客觀二者之間好好地符合起來」。故他對戰略目標的打擊與其「後備力量」的佈署和運用是相互配合的，對目標的打擊面，它必須顧及其主觀力量和客觀情勢的關係，總之它要佔在絕對優勢上。毛澤東在軍事思想上的「集中優勢兵力，突破一點」，和「斷其十指不如傷其一指」的思想，和共產黨的大戰略的指導方針並無二致。

此外，在打擊目標方面，它還可以運用「統一戰線」，以孤立打擊目標。

中共在鬥爭策略上，也採取打擊戰略目標的方針，他通常把「階級敵人」估計在百分之五這個數字上，這當然不是一定的標準，但從這裡可以看出對打擊面的範圍，這是一個可能孤立打擊目標的範圍。祇有用百分之五，再百分之五地逐步解決，不能一下子全部解決。這個數字可能是它掌控主觀實力，包圍目標所要求的標準。中共軍事家林彪的軍事辯證法就強調「對付一個強大的敵人，要一口一口地吃，不能一口整吞」。從這裡可以看出他對目標打擊面的範圍和其限度。

上述戰略概念，其對目標的打擊，所佈署的主觀力量和運用客觀情勢的配合上，就是要把它佔在絕對優勢上。而在打擊過程中，則採取逐步解決策略，這點值得深入研究。

我國女性公務人員增長趨勢及因應措施之研究

（一九八七年作）

一、前 言

目前我國公務人力結構中，女性公務人員所佔比率有日益增加的趨勢，此一現象亦經部分媒體予以報導。就人事管理立場，對此一問題，自應加以重視。本文係以文獻分析法，就目前行政機關已獲知的若干資料加以彙整歸納，就增長狀況，女性公務人員之職等年資結構，增長後的有關問題進行探討並就因應措施提出建議。

二、我國女性公務人員目前增長狀況

依據銓敘部民國七十六年「銓敘統計」資料，以民國六十四年行政機關女性公務人員人數計有九二．〇七〇人為基數，佔當年公務人員總數的百分比為二五．四四，到民國七十五年十二月底，女性公務人員已達到一五九．〇〇一人，佔公務人員總數的百分比達到三一．八七，人數淨增六六．九〇〇餘人。百分比上升六．四三。增長狀態係逐年緩和上升，如以圖形顯示，正好是一個斜坡上升式，中間沒有起伏，也沒有負成長。

就女性公務人員增長背景分析，促成我國女性公務人員增長的因素有下列二點：

（一）社會觀念的改變

傳統男主外，女主內的家庭觀念，逐漸為性別平等觀念所取代且女性受教育的機會亦隨之提高。另一方面公務機關的穩定性，也吸引女性投入，例如民國六十九、七十三年的第二職等考試女性考生即佔大多數。

(二) 我國考試制度的公平性，有利於女性的參與投入

我國從民國五十八年實施考用合一、即考即用制度，當年女性及格比率僅為總人數的百分之一三．五，至民國七十五年女性及格比率上升到百分之五二．八，這與考試類別多屬人文和社會科學範疇有關。從近年大專聯考文法科系錄取多為女生可為明證。

由上述情況來看，這個趨勢在五至十年內將會持續逐年緩和增長。

三、目前行政機關女性公務人員之職等、年資、學歷、年齡結構狀況

依據民國七十五年底人事資料分析，女性公務人員職等、年資、教育程度及年齡狀況如左：

(一)職 等

女性公務人員簡任約為百分之〇．三五，薦任約為百分之一〇．〇四，委任約為百分之八九．四。

(二)年 資

服務五年以下者約佔百分之三三．四六，六至十年者約佔百分之一九．八三，十一至十五年者約佔百分之一七．七七，亦即女性公務人員服務十五年以下者佔有百分之七〇以上。

(三) 教育程度

研究院所以上約為百分之一・六二，大專畢業約為百分之六九，高中畢業約為百分之二四，初中以下約為百分之五・二，亦即女性公務人員百分之七十以上為大專以上程度。

(四) 年　齡

二十九歲以下約為百分之四三，三十歲至三十九歲年齡層約為百分之三〇，四十歲以上年齡層約為百分之二七。女性公務人員之年齡以年輕者居多。

就以上四項資料顯示，女性公務人員之年齡較輕，教育程度較高，而職等則屬偏低。其原因一為女性公務人員約有一半為最近十多年進入行政機關，其次，女性在報考公務人員考試時，多半報考較有把握的低職等考試。例如近五年來，女性在普考方面之平均錄取率，即達百分之六五，高考平均錄取率僅為百分之三五，又如行政院人事行政局在民國六十九年和七十三年兩次第二職等考試中，女性報考人數均佔百分之六五以上，這也可能是女性公務人員職等偏低的主要原因。

四、就人事管理方面對於女性公務人員增長後的有關問題之探討與因應措施建議

（一）對於女性公務人員特質之探討

1、有學者從心理學角度分析，從職業婦女的「功效意識」進行調查結果，認為女性欠缺追求成就的期許，調查資料中也指出，許多職業婦女害怕職業上的成就過高，會影響其婚姻和家庭。但同樣也有大量事實否定了這種意見。就當前女性教育程度普遍提高，女性在各個領域上取得的成就是不容否認的。惟前述調查情況，在某些個案方面，亦確實存在。

2、**就職業女性角色而言**，基本上是具有雙重性的，她在機關中負有職務上的使命，在家庭中則負有操持家務，生育及照顧子女的責任，因此在工作中同時也隨伴著有家庭、婚姻、生育和子女撫養照顧等困擾。

（二）由上述情況，在人事管理上就會發生下列影響

1、**請假問題**：女性公務人員常因家庭子女需要，請假次數較多，另因分娩產假，依請假規則有四十二天，扣除假日後則將近二個月之久。初進機關的女性年紀較輕，又屬適於生育年齡，如果一個單位的女性較多，而其中又有幾位請產假，就會嚴重的影響到正常業務的推行。

2、**上班遲到、早退問題**：女性公務人員因需要照顧子女上學或托人照顧或因孩子生病，不得已遲到或早退，往往有所爭議，以致影響主管的領導與管理。如攜帶幼兒上班，非但影響公務並且有礙外人觀感。

3、**值勤問題**：基於安全考量，女性不宜夜間輪值，而

女性較多單位，夜間值勤勢必攤派男性擔任，因此有所爭議。我曾在赴省市單位查勤時，就曾發現某一單位有職員五十餘人，其中女性佔一半以上，男性人員扣除主管人員不須輪值外，祇有十二、三人輪值，平均每週即須值勤一——二次，致多有抗議之聲。

4、**外勤工作指派問題**：外勤工作多屬體力負荷量大，難度較高或具有危險性或離家較遠等情況，都不適由女性擔任。如此，則對女性公務人員甚難指派工作（例如台北市政府即曾有分發女性社工員至殯葬單位工作而遭拒絕情事）。

5、**女性公務人員因隨夫工作轉移而中途離職問題**，以及因家庭、婚姻困擾而發生情緒上的不穩情事等，都可能為人事管理帶來一些困擾。

（三）面對上述問題宜採取之因應措施建議如次：

1、**面對上述問題**，有人主張採調適相關措施的建議，如限制女性報考某些類科或抑制女性公務人員升遷的做法，都是法所不許的！

2、**就人事管理立場**，為因應女性公務人員的增加，應以前瞻性規劃，採取「激勵管理」方式，下列措施，宜加研究：

(1)職務代理人制度的建立：在「職位分類制」實施時，曾有「職務代理人」之規定，但多屬低職等人員之代理，如文書收發、打字員等，對於主管職務依規定多由其次級人員兼代或由機關首長逕行派代，通常如科長請假多由所屬專員或股長兼代，實際上是加重代理人的工作負荷。正常的做法，應訂定職務代理人之相關法規，在機關編制中撥出若干員額，作為調節請假、受訓、進修及女性分娩之職務代理，或僱用非現職人員為臨時職務代理人，落實職務代理。

(2)彈性辦公時間的推行：目前，台北市部分機關如稅務、監理單位已在推行，亦即以上午九時至下午四時為「核心辦公時間」，上午七時至九時，下午四時至六時為「彈性時間」，既為便民亦有助於女性公務人員照顧家庭之需要，惟全面推行之有關法令規定其檢討修訂尚待研議。

(3)留職停薪制度：依「請假規則」，目前尚無是項規定。但在民國七十六年四月行政院訂定之「公務人員訓練研究要點」內，可以因進修報請留職停薪，惟留職停薪人員之公保亦須暫停。此項規定宜擴及於分娩、育嬰等之需要，應定訂專章實施。

(4)部分工時制度：此項措施涉及常任公務人員任用體制及俸給、退撫等法規，須再深入研究可否採用。

(5)機關夜間輪值問題，除警消、醫療院所、交通、資安及機要單位必須專人留守外，一般機關、機構，似可委外由民間保全公司負責夜間安全防護事宜，輪值取消後，其輪值津貼可抵部分委外費用。

(6)對女性公務人員工作環境方面的改善，俾使其工作與生活獲致方便：

a舊有辦公廳舍，女性盥洗設備較少，致有排隊等候現象，應立即增加並改善此項設施。

b 機關附設托兒所，似可比照機關內設之福利、康樂室設施之方式，但其人力及幼兒食品用具等之費用，本「使用者付費」原則，由托兒人員負擔，為減輕費用，亦可聯合附近機關合作辦理。

以上建議，有部分可以立即辦理，部分尚須研議修訂有關法規實施。

五、結　論

女性公務人員的增長，為社會發展的進步現象，惟亦為機關人事管理帶來若干困擾。本研究所探討之問題及其因應措施之建議，仍待主管機關進一步研議，俾利人事管理，期使公務人力之運用，更能發揮積極效果。

參考資料

①銓敘部民國七十五年「銓敘統計」
②行政院研究發展考核委員會民國七十六年「職業婦女專題研究」
③中國時報民國七十六年十二月二十日新聞特稿
④行政院人事行政局人事統計資料
⑤相關人事法規

對公務員「行政中立」問題的幾點意見

（一九九四年在立法院公聽會提出）

1、**國家政務具有永續經營性**，公務員是政務推行的主要執行者，其政治立場自必為人所矚目，應當保持中立，超出黨派之外。目前世界上各主要民主國家對於行政中立並無專法規定，我國在「公務員服務法」中，亦無明文規定，但在第四條第二項有「公務員未得長官許可不得以私人或代表機關名義發表有關職務之談話」及第五條「公務員不得假借權力，以圖本身或他人之利益」的規定。公務員依法行政，應當不致牽涉到政黨利益問題。但民主政治亦即政黨政治，公務員既為人民公僕，其一切行動自應以民意為依歸，如政黨更替，政策的推行實難保持中立的可能。我們認為制定「行政中立法」實屬必要，期使公務員在執行公務時，能夠依法行政，立場超然，公平公正，不受利益團體的影響，也不受黨派的操弄，中立行使職權。

2、**公務員行政中立的另一層面**，是公務員的權益應當得到保障。公務員嚴守行政中立，依法行政，往往會受到不同主官的影響和干預，尤以在不同黨派執政時，如意見相左，動輒受到調職或免職的威脅。以某一縣市為例，在不同黨派的縣市長上任後，對某一主管因其以前在某一關說案中，遭其拒絕，故在其上任後首先即對某主管將其由薦任第九職等科長職調為科內薦任專員職，（依「公務人員任用法」第十八條第一項第三款規定「在同官等內調任低職等職務者仍以原職等任用」。）此項調任，雖屬合法，但實質上已是降級，原主管調非主管而由其所屬領導，情何以堪？故在「公務人員行政中立法」制定之同時，亦應制定「公務人員保障法」，對於公務人員之身分及權益之範圍應予列舉，以區隔工作怠惰或玩忽職守者，使不在保障範圍內，而上述某縣市主管調任之情事，應能不致發生。

3、**依民國七十三年大法官第一八六號解釋**，「公務人員退休金請領權，應予保障，可依法提起訴願或行政法訴訟」。此一解釋，對於公務人員之保障，甚具重要意義，並予陳明。

4、**如設置公務人員權益保障機構**，其主官應超越黨派，其任期亦應予以規定，俾不受政黨更替之影響。

公務員行政中立草案

銓敘部研擬後將送審

記者黃惠玟／台北報導

考試院銓敘部政務次長吳泰成昨（十六）日坦承，目前我國文官制度並不周全，因此，在選舉及平時維持行政中立並不容易，不過，銓敘部目前已研擬公務員行政中立法草案，並計劃草擬政務官法，此外，未來不排除設置保障培訓委員會，作爲保障文官權益之專責機構，有關保障文官權益之保障法草案，也已在考試院研商中，其中公務員行政中立法草案在匯整各機關相關意見之後，將送請立法院審查。

吳泰成在昨日由立法委員郁慕明所主持行政中立與公平選舉公聽會上作以上表示，與會學者及出席官員並就目前文官行政中立及在選舉時所應扮演角色交換意見，與會人士除立委郁慕明、政務次長吳泰成外，還包括台大教授呂亞力、師大教授謝瑞智、中興大學教授江岷欽、律師劉緒倫、銓敘部法規司司長韓英俊、中央選委會副秘書長蔡麗雪、人事行政局企劃處副處長楊國生、台北市政府人事處主任秘書宋世華、高雄市政府人事處副處長鄭彥信。

民國八十三年九月十七日載於中華日報

英國地方政府人事制度及近年來中央文官制度的改革狀況

（一九九四年赴英考察報告）

一、前　言

「地方是國家的基石」，民國八十三年九月正式頒布省市自治法，開啓了我國地方自治新的一頁，為配合落實地方自治的施行，各政府主管機關均針對其所職掌管有所變更與調整，其中有關人事部分更動尤大。因此，主管行政院人事管理機關──行政院人事行政局依八十四年度出國考察計畫，亦針對本項重點業務，分別赴英國及韓國考察各該國地方機關人事制度，俾作為我國落實推動地方自治的借鏡與參考。本團為英國考察團，整團共有四人，由人事局企劃處副處長楊國生擔任領隊，團員包括教育部人事處科長廖世和、臺灣省政府警務處人事室主任莊清賢及行政院公平交易委員會人事室科長廖世立等三人；於八十三年十二月十一日啟程，十二月二十四日返國，為期兩週。

英國為世界先進國家之一，第二次世界大戰後，雖日漸沒落，惟其典章制度均已有良好基礎；尤其人事制度具有悠久歷史，頗足借鏡。由於我國與英國無正式邦交，近年來雙方均止於經濟文化之非官方來往，故我國經官方派往考察者在行程安排上均極為困難。此次考察透過我國駐英國代表處及教育部駐英文化組代為安排，雖與原先預定行程略有出入，惟在兩單位鼎力促成之下，大致上尚符合考察之需求，其中值得一提的是，此次行程將以往無法排入的英國中央人事主管部門——公共服務及科學辦公室排入考察行程，殊屬難得，在此特別感謝我駐英代表人員的辛勞。

二、考察行程

十二月十一日星期日：啓程。

十二月十二日星期一：抵倫敦，拜會駐英代表處簡代表又新，並與代表處人員討論考察的細節。

十二月十三日星期二：訪問甄選暨評鑑處，聽取簡報有關甄選及訓練業務。

十二月十四日星期三：整理及準備資料（安排之行程臨時取消）。

十二月十五日星期四：上午訪問牛津市政府由該市人事室主管簡報該市管理狀況及座談；下午訪問牛津大學聽取大學人事主管簡報該校人事管理概況。

十二月十六日星期五：訪問西敏市政府聽取人事主管簡報該市人事管理狀況。

十二月十七、十八日星期六、日：星期例假整理及準備資料。

十二月十九日星期一：訪問劍橋市政府聽取人事主管簡報該

市人事管理狀況。
十二月二十日星期二：訪問倫敦警察局甄選暨訓練中心聽取人事主管簡報該中心警察人事甄選及訓練狀況。
十二月二十一日星期三：拜訪公共服務及科學辦公室，由該室發展部門主管簡報英國人事變革及發展狀況。
十二月二十二日星期四：至英國政府出版品公司選購參考書籍。
十二月二十三、二十四日星期五、六：搭機取道巴黎返國。

三、考察內容

（一）英國地方政府體制狀況

1、地方政府的區劃

英國分為英格蘭、威爾斯、蘇格蘭和北愛爾蘭等四個地區。威爾斯、蘇格蘭和北愛爾蘭均設有辦事處為虛級。各個地區之地方政府行政體制略有不同，英格蘭地方分大倫敦等七個大都會區及三十九個縣市，大都會區於一九八六年改為虛級，大都會區及縣市下設區；威爾斯則設縣，其下設區；蘇格蘭分設地區和島，地區下設區，區下又設社區為三級制；北愛爾蘭則分設區。

由於現代國家的地方自治事務性質日益複雜，已非過去的地方自治機構所能勝任，其所以如此，主要原因係自治區域太小，受限於財力、人力等因素所致，另外行政層級多亦影響地方機關的行政效率。基此，英國政府近年來在地方機關體制上作了很大的變革；其情形略如下：

(1)一九七二年地方政府法修正通過，並於一九七四年四月實施，將地方政府大肆合併，其中英格蘭與威爾斯的一級政府，由五十八個行政縣和八十三個縣合併為六個都會縣和四十七個普通縣；第二級地方政府，由二百五十九個縣轄市五百二十二個鎮四百六十九個鄉合併為三百三十三個縣區和三十六個市區。在蘇格蘭方面，則依一九七三年蘇格蘭地方政府法，將原來的一級地方政府三十一個地區合併成九個地區，二級地方政府由二十一個大市、一百七十六個小市及一百九十八個區，合併成五十三個區。

(2)一九八五年地方政府法又廢除了大倫敦議會和六個都會縣，並於一九八六年將地方政府移轉至倫敦市和都會區議會。

(3)一九九二年地方政府法，成立了「地方政府委員會」，賦予檢討英格蘭地方政府之組織結構、區域和選舉事宜。對於地方政府之組織結構檢討已於一九九四年十二月完成，而整個第一階段工作預定於一九九五年四月完成，以更進一步有效解決地方政府機關問題。

(4)此外，巴力門準備於一九九五年中立法，以更進一步促進蘇格蘭及威爾斯之改革；在蘇格蘭方面，準備以二十八個單軌議會取代目前之地區和區議會；於威爾斯則擬以二十一個單一政府取代現行的雙軌結構——包括八個縣和三十七個區。

2、英國地方政府的組織運作狀況

英國地方政府是採用權力一元制的國家，各級地方政府設議會，是各地方自治團體唯一統治機關，沒有與之抗衡之地方行政機關，也就是說，地方議會既是立法機關也是行政機關。以縣為例，縣的統治機關為縣議會，縣議會由主席、副主席與縣議員所組成，縣議員由選民直接選舉產生，任期四年；主席、副主席係由縣議員選舉產生，但不以縣議員為限，外界具有縣議員候選資格者亦得參選，每年改選一次，得連選連任；縣議會設有各種委員會處理地方政府的行政業務；縣議會是合議制機關，職權的行使以會議方式達成，議決事項以及行政事務均交由各種相關委員會處理。

3、中央與地方關係

英國素有「地方自治之家」之稱，英國各級地方政府亦素被認為最富地方自治之精神。此種制度其來有自，按若干世紀以來英國地方人民，均保持一項強固的觀念，認為地方的權力，如同個人的權利一樣，是屬於原始固有，而非來自授予；另一方面，英國中央政府為圖方便，也常利用地方公民的區域組合，以遂行地方各種義務，執行法律命令，修築道路橋樑，保持排水清潔，建築河海堤防，維持城鄉秩序，救助貧苦人民，以及此等事業籌措經費等；因此，由地方人民根據其自尊心，以決定管理地方事務乃成為可能。

英國地方政府，雖保有若干自主的權力，但中央對於地方仍有監督的權能。一般而言，英國中央政府對地方政府的監督採用下述三種方式：

(1)為「採用法案的權宜制度」，即國會關於地方自治行政，制定法律之後，地方政府得按照本地情況，因地制宜斟酌採用之。

(2)地方個別法案，須提經國會通過；即地方政府關於地方行政，為求謀取某種特權，可提出法案惟須國會同意。

(3)在行政上中央政府有「認可」權，即對於國會制定法律後，地方機關得制定施行細則，惟須經中央主管機關認可；此外，中央政府亦可依據自治法規定，給與地方機關訓令，促其執行。

地方政府若不肯履行國會或中央政府依法給與的義務，在英國有三種處理方式：一為代執行，使第三者履行義務，而向該地方政府徵收費用；二為停止補助金的給與；最後為地方政府有違犯法律之事，中央政府得以起訴於普通法院，加以制裁。

(二) 英國地方政府人事制度概況

英國中央與地方人事制度並不完全相同，而各地方也不盡一致；此乃由於歷史上英格蘭等四個地區多各自發展，在地理上島嶼彼此隔離，人民生活習慣不一，加以英國為不成文法國家，故乏統一規定所致。長期以來，英國地方政府均有權自行決定其人事政策，因此，一些組織較大、制度較健全之地方政府，可吸收素質較佳的公務人員，但多數地方政府所僱用的人員，水準均在中央文官以下，此種現象在組織規模較小的地方政府尤其顯著。

近年來，由於中央加強監督，地方人事制度已漸趨一致，人員素質乃大為提高。例如教員、警察、消防人員均由中央規定任用標準，地方政府不得改變，各種專業人才之指派，更需報請中央有關部會核可，中央對地方政府的人事，亦可隨時加強考核。儘管如此，英國地方政府的人事權限相對於我國之一元人事制度，在彈性及自主的空間上仍是很大。一般而言，中央政府在人事制度上僅訂定原則性之規範，至於施行方式則由地方政府因地制宜，自行訂定規定施行。

以下僅就中央所訂基本法令規範及歸納本次考察幾個

地方政府機關之一般人事制度概況，簡要介紹如次：

1、原則性規範——中央訂頒之基本法規

(1)性別歧視法案及種族關係法案：此兩種法案係針對於人員進用、陞遷、訓練上予以規範，防止對性別、結婚、種族的非法歧視或差別待遇。一般而言，被禁止之非法的差別待遇情況如下：

a直的差別待遇：係指人民由於性別、結婚或種族的背景，而遭受到較差的對待，其中種族方面，包括膚色、家族、國家別及種族。此種差別待遇情形包括：

(a)採用陳接腐的理由：如以職務上需要（如外勤）拒絕僱用已婚女人，這是對性別及結婚的差別待遇。

(b)條件不一致：如在僱用時，少數民族需具備某些條件，而白種人則不用這些資格，這是種族上的差別待遇。

(c)擔心溝通協調困難：如由於其他技術人員感覺難與

女性高級技術人員溝通、協調，即拒絕僱用女人為高級技術人員，這是對性別的差別待遇。

(d)基於生理特殊理由：如因女性隨時可能懷孕，而拒絕僱用女性人員，這是對性別的歧視。

a 間接的差別待遇：係指表面上似乎每人都是相同的對待，但對性別、已婚或特殊種族在必要條件下，相較於別人會有不利的現象。通常有下列四項基本要件：

(a)對所有人都平等普遍的條件或要求，如對參選人員要求需要少於三十歲；

(b)這些條件或要求，通常是經由立法隱蓋，即透過合法的途徑作不適當的限制；

(c)這些條件或要求，不能被證明與種族、性別或婚姻之背景有差異；

(d)當發生爭議時，在團體中有不利的影響，如當事人可能被任命作某種較不利的工作

(2)同工同酬法案：在這法案下，每一個僱用契約的行為，

應包括平等條款以保證兩性在作相同工作或大體相同的工作時同工同酬；這種規定除非雇主能證明因兩性之差異有正當理由及確切的生理上的差異，否則沒有例外。

(3)同工同酬法施行細則修正案：這項修正案，是在一九七〇年同工同酬法案增加了賦予女性主張與男性「同值的給付」的權利。

(4)殘障人員雇用法案：這些法案界定殘障人員是由於受傷、生病或天生畸形，對其從事工作產生實質障礙者。法案規定僱用超過二十人以上的雇主，有僱用殘障人員的義務。其情形如下：

a如果雇主僱用超過二十人以上員工，則需至少僱用3%的殘障人員。

b如果沒有經過當局的特許，而未僱用達3%的殘障人員，即屬不合法的行為。

c沒有合理的理由而解僱殘障人員也是非法的行為。

為了落實僱用殘障人員政策，法案也規定，未僱用達法定殘障人員單位應將待補之空缺通報地方工作中心，如有適當殘障人員可優先遞補。

(5)工作權允許規定：在這項規定下，非歐洲共同體國家人員，需得到工作許可始可僱用之；歐體國家人員則可免除這項規定

(6)童工僱用的限制：嚴格限制僱用十六歲以下童工。

2、各種人事制度概況

(1)進用資格：

如上所述，雖然英國是一個單一國家，地方政府的數目及功能均為中央政府所控制，但就歷史傳統而言，英國為一島國，一向側重地方自治，採取的是分權制度，其地方政府官員除若干職位，業經法律或主管部的命令規定，所任用的人員必須具備相當的資格，例如醫官、衛生人員、助產士及其他醫務人員，必須依規定資格任用；度量衡檢查員必須經貿易委員會核定認為有資格始得任用；學校教員、消防及警

察人員也必須經通過之規定課程訓練；此外，中央對地方有補助的項目，對其用人也有若干限制，如運輸部對於地方機關之測量員的薪俸有所資助，其資助常附有條件，即測量員應具有專門的資格。除此之外，其餘均不須經國家考試具備特定資格。

(2)甄選任用：

由於英國地方政府機關進用人員，大多毋需經文官考選，而由各機關自行甄選進用。各機關基於求取人才並防止任用私人，大多採行「公開甄選」方式辦理。其大概程序簡述如下：

a工作分析：在決定遞補一個職缺時，應仔細考慮是否這個職位仍然需要、考慮這個職位的工作特性是否滿足或反應職務上的需要。其目的一方面能達到設置這個職位的必要性，另一方面則能瞭解甄補時所需具有的知能或經驗。

b工作特性描述：工作特性描述是甄選過程中很重要的程序，它提供了僱用部門、申請者及錄取者，瞭解該項職務一個清楚的輪廓。通常工作特性的描述應包括「職務名稱、數目」、「職務的層級」、「擔任此項工作之責任與義務」、「個人所需特殊條件」等項。

c個人特殊條件：個人特殊條件主要是根據工作分析及特性描述而來，它涵蓋的範圍很廣，包括了「技術」、「與工作相關的經驗」、「資格證明」、「個人的性向及特質」、「生理特殊狀況」、「個人際遇（指有關非社會工作之能力狀況，但非關性別、婚姻地位及家庭）」等項。本項有一點值得敘述的是，應避免為個人的特性而設，以免違反公平競爭的規定。

d廣告：廣告是公開甄選成功與否的重要步驟，此種廣告具有以下目的：①能吸引各界具有潛力的候選人來應徵、②能激起各界人員廣泛申請參加甄選、③對組織要能顯現正面效果。廣告的媒介主要是透過報紙、週刊、雜誌或政府發行的刊物，有些地方政府也自行印製宣傳廣告，詳細介紹工作性質、待遇福利、陞遷機會、工作內容、訓練發展，以吸引優秀的人才報考。

e評列：利用設定的基本標準進行評列工作，申請人員需符合基本的標準，才能參加下一階段的考評。在此值得注意的是，對殘障人員，其評列只要符合最低標準即可列入評列表中成為候選人。

f面談：地方政府機關甄選的主要方式是「面談」，辦理面談成功首在事先周全的準備，此包括面談人員的組成、面談的評列標準及面談的重點等。除了面談外，為了瞭解參選人員其他狀況，亦可採取測驗及其他方式，如性向測驗、技術測驗、寫作、個案研究及評鑑中心法等。

g任用決定：此項決定應包括所有資料的評列，這些資料包括原始的申請資料、面談、測驗的結果及任何可參考的事項，以決定錄取的人員。

h實習：所有新進人員均應經過六個月的實習。實習期間主要是學習適應此項職務的工作，實習者在實習工作後第三個月及第五個月，均需提出實習報告，以作為實習績效的評估，如獲評為滿意則在六個月後成為正式的公務員，如為不滿意在第一次報告時，即應採取如下的措施：①檢討並採取改進有助實習工作方式、②給予輔助或必要的訓練、③告知實習者如無實質的改進，將於六個月後被解僱。到了第二次報告提出，績效仍不滿意，則須向實習者解說可能將被解雇或採取延長實習，延長的期限最長為六個月。

(3)訓練發展：英國地方政府普遍瞭解訓練的重要，他們認為訓練是一種投資，不是一種浪費，他們體認到好的服務品質之提供，有賴良好的訓練及激勵。因此，地方政府均在有限的資源裡仍編列相當預算投資於訓練，並且支持公務員的永業發展。

他們認為訓練是為應目前或將來工作的需要，經由各種可能的方式，以學習知識、技術和工作的態度；發展則是著重將來工作發展角色的學習。訓練是公務員與管理者雙方的責任。通常人事部門負責公務員的訓練發展策略的制定，同時結合預算部門控制執行；訓練發展部門則提供諮詢和支援的角色。由於地方政府重視訓練，因此各地方政府機關大多設有訓練場所，以訓練本機關所屬公務員。以西敏市政府為例，該市即成立一訓練發展部門成員共有五人，由 Merle Crosdale 為該部門主管，另二名為訓練人員、二名為行政人員；其訓練的課程主要分「核心技術」、「管理技術」、「個人發展」等三部份。這些課程均係依據市政的需要及個人生涯發展設計；設計的課程涵括很廣，每部份並有多種課程可供各單位人員選擇，其訓練期限均以短期為主，大多為一至二日，採小班制人數從八至二十人不等。其訓練的需求係由各單位根據業務及個人需要提出申請；此外如需更進一步訓練進修，亦可申請派付英國文官學院或其他大型訓練機構訓練進修。

(4)待遇：

英國地方文官之待遇原並無一致的標準，其待遇支給除有法令規範外，其餘均由各地方政府參酌中央文官待遇結構標準表，擬訂適合自己適用的結構表。茲簡述如下：

a 法令規定限制者：有若干職位，地方政府機關對於擔任此等職位人員薪俸待遇的標準係以法令限制之，如衛生及教育方面，各該主管機關依規定有權頒發命令以限制對於地方政府機關對於衛生及教育人員薪俸待過的給付。

b自訂適合待遇標準：地方政府機關對於其他職員薪俸待遇的訂定，係與地方工會協商，同時參照中央一般文官待遇結構訂定。按地方政府職員建立種種自由組合或「惠德利委員會」，代表雇主及受雇人兩方，以協議地方政府機關有關報酬等事宜，故其對於地方政府機關職員待遇，有相當的影響作用。

(5)保障：雖然現在還沒有統一的規定地方政府機關所用人員應保障其長久任職；但有若干法令分別規定，其所任用人員非事前獲得中央相關主管機關同意不能免職者；如衛生醫療人員非得衛生部長同意不能免職；此外，經中央補助者，亦有同樣的條件，凡此均在保障職員的地位安定。

(6)考核：英國地方政府尚無具體之考核法規可資適用，考核規定由各地自行訂定，其考核的內容大致包括，基本資料、工作表現評估、能力分析、訓練的需要、工作的表現、晉陞可能性及面談後意見；各機關並得依自己的需要增加特殊項目。通常考核的作用在於工作的表現、工作是否調整、晉陞的可能、是否參加訓練、有無發展潛力等。通常考核成績的好壞與薪級晉敘並無關係，亦無考核獎金。

(7)退撫制度：

英國地方政府退休制度，起自一九二〇年代，歷經多次修正而成為現行所謂「地方政府退休金體系」，此種體系係由地方政府退休法及其他相關規定所構成。茲將退撫制度簡要介紹如下：

a 適用範圍：凡是地方政府機關職員，包括全時及每年工作三十五週以上的部分工時人員，且年齡在十六歲以上，六十五歲以下人員，除非自己不參加，否則均將自動加入退撫體系；此外，其他部分工時人員，如果要參加也可提出申請加入，但須提出健康證明。參加人員隨時可退出，但一旦退出後，只能有一次重新申請再加入機會，且須受年齡限制及健康檢查。

b退撫基金：公務人員退休或撫卹，由公務人員自籌部分費用及政府提撥費用組成之基金支付。員工自付額，職員為薪酬6%、工人為5%。這些自付金額均從薪津中自動扣除，並可列入免稅範圍，且可相對減少繳付國家保險金，其額度在一九九三年四月五日前可減少2%，在同年四月六日後可減少1.8%。

c退撫金給付標準及退撫年資：

英國地方政府公務人員退撫金之給與，係以退撫金給付標準及退撫年資為計算標準。所謂退撫金給付標準，係指退撫人員在最後一年的退休給付標準，其計算方式為以公務人員初次加入退撫體系中之年所得，每年5%調升；此項標準自一九八九年六月一日起限定最高為76800英鎊，惟此項標準亦每年隨物價狀況予以調高。

所謂退撫年資，係指退撫時給與之計算年資，通常是採計全時工作年資，再加上依規定得轉移採計的年資；此項年資最多採計四十年，如延長服務總計亦不得超過四十五年。年資之核計亦因全時及部分工時人員而不同；全時人員以其實際服務年資核計，部分工時人員依其實際工作時數換算為可計年資，其核計方式分為毛年資與可計年資或淨年資，前者係依其服務之曆年計算年資，後者則係所謂實際工作時間之年資。其間的換算方式為以每週實際工作時數除以一般全時服務人員每週工作時數，再來以毛年資，即實得淨年資或可計年資。

d 退休種類：

(a) 強迫退休：指年滿六十五歲之退休。

(b) 提前退休：其種類有下列三種——

①自順退休：一般而言，公務人員滿五十歲以上，且至少服務二年以上，即可申請提前退休（部分機關如西敏市，則規定年滿六十歲且至少服務二年以上，可申請自願退休；但女性公務人員年滿六十歲，即使未滿服務二年亦可申請自願退休）。

②裁員退休：此乃基於管理上需要，包括裁併機關之裁員或效率不高人員而實施的強制提前退休。退休人員如超過五年者，並可視情況由機關首長裁量提高其退休年資最高為十年。

實際可計算年資	增加後之可計算年資	備　註
二——五年	二——五年（無增加）	
五——十年	可計算年資之兩倍	
10——13 1\3 年	二十年	
13 1\3 年以上	實際可計年資＋ 6 2\3 年資	
說明：增加後之可計年資最多為四十年。		

③因病退休：只要服務滿二年，且證明健康因素無法工作，即可申請提前退休，領取年金及一次金。

其中可計年資並可依下表增加：

e 退休金給與：退休金是由政府與個人分攤成立退休基金撥付，其中個人部分負擔依身份別負擔 5%至 6%；具有二年以上可計年資退休時給與年金及一次退休金。其計算方式如下：

(a)年金：1/80*可計年資*退休給付標準

(b)一次退休金：3/80*可計年資*退休給付標準

其中一次退休金可免稅，年金則按每年物價指數上升而調整逐年增加，俾使退休人員能維持購買能力。

f 撫卹：

(a)在職死亡，有下列換卹金：

①一次撫卹金：其所得可就個人之退撫標準或 3/80*退撫標準*增加後可計年資，兩者擇較有利一項為其撫卹金。

②配偶撫卹金：

△任職未滿兩年死亡者，給予其配偶一個退撫金標準為期三個月之撫卹金。

△任職兩年以上者，除上述三個月之撫卹金外，嗣後並給予其配偶應得年金之一半，直至配偶死亡、再婚或與人同居為止。

③子女撫卹金：

△子女撫卹金原則係對配偶扶養之每一個子女，均給與死亡者應領年退休金之四分之一，惟最多不得超過應領退休金之一半。

△子女撫卹金給與的期限為子女年滿十七歲；但十七歲以後仍全時在學者或永久無工作能力者，亦可續領。

(b)退休後死亡之撫卹金：

①死亡撫卹金：其計算標準是根據可計年資，扣除已退休之時間來核計，並一次給付

△如果可計退休年資少於十年且在退休後五年內死亡，則給予相當五個年退休金之死亡撫卹金餘額。

△如果退休可計年資超過十年，死亡時前已領取之年金及一次退休金應從死亡撫卹金扣除。

②配偶撫卹金：死亡後將三個月一次退休金給予配偶，嗣後配偶之撫卹金為其年金的一半。

③子女撫卹金（同在職死亡之子女撫卹金）。

g離職給與

(a)如果服務年資少於二年離職，則將退還原繳付儲金。

(b)如果服務滿二年，但未滿五十歲不符退休要件，可作以下處理：

△將年金和一次金保留至正式退休時計息發給。

△如果離職至另一地方機關服務，可選擇移轉至新任職機關並計年資。

△如果離職至非政府機關服務，也可選擇移轉價值，

即由原先任職機關給付於新雇主，以便延續年資增加其退休年資。

h 其他相關措施

(a) 年金法案修正增加年金之給付，原已退休人員均得適用。

(b) 公務人員為加強對其配偶及扶養親屬之保障，可放棄部分年金，而在於死亡後提供額外給付給配偶及親屬。

(c) 公務人員也可自願負擔額外給付的自付費用，以增加退休金的收入。

(d) 公務人員可以購買年資以增加採計退休年資，俾獲得較多之年金及一次退休金。

(e) 推動退休金投資正確觀念及管道，提供多種投資選擇途徑：

△利潤途徑：是一種結合投資的基金，而以平順的管理方式投資，以期從較安全、平穩的成長獲得較佳

利潤。

△單位連合途徑：係由政府單位推薦各種單位聯合基金，這些基金目前計有十六種之多，並由退休人員選擇自己認為可承受風險及利潤較高的基金。

（三）英國文官制度的持續與變革

多少年來，英國文官以它對政府服務之忠誠、公正無私及完整性，在國際間享有很高的名氣；近年來，由於政治、經濟及社會環境變遷，為因應此一變動情勢，更透過一連串廣泛的改革，提高行政效率與效能，以加強對民眾服務的品質。這些改革包括創新組織結構，引進新的管理技巧與觀念；職員得到較佳的訓練，提昇技術；私人部門涉入政府機關提供公共服務份量漸增，甚至取代政府；這些改革不但持續了英國傳統文官的特質，同時注入一股清新的力量，使得文官持續保有它的優越性，並得更進一步迎接未來的挑戰。

以下謹就英國文官近年來改革的狀況簡述如次：

a跨越二十一世紀文官的新展望及挑戰

英國文官在可預測的將來所需面對的最大挑戰是如何去整合最近二十年在「永續議題」管理變革中所流失的利益，過去公共部門的改革已經在公共服務上產生較大的效率、彈性及標準。「永續議題」含括廣泛文官的特性及價值，包括：

・需要維持文官整體的凝聚力；
・繼續維持文官的非政治性，以達基本的價值和倫理尊嚴。文官主要的價值是政治無私、誠實、公平、客觀、依功績原則甄補、陞遷和負責；
・文官永業觀念：雖然文官並不能向企業一樣提供每人永業的生活，但政府機構能提供很多發展機會，只要盡所能均能成為高級管理者。

此外，其他的挑戰包括：

・克服政策急速變革的能力；
・如何在有限財政資源壓力下，盡個人才能，以得到最大的產出；

・發展與其他歐體行政的密切關係；

・隨著社會及技術變革與時俱進；

・維持文官是一個好的雇主形象，而不只是提供公平機會。

英國政府明白宣示要確保「政府要節約開銷、精簡官僚機構，並且提升服務品質」。

b 一九八〇年代和一九九〇年代的公共部門改革要目

(a) 效率稽核

效率稽核是於一九七九年政府提出者，主要有下列兩個目標：

・為了改進效能，在特殊地方儘可能減少成本支出，以消除浪費；

・指引文官更寬和持久變革的目的。

稽核是如何建立一個工作系統，使儘可能改進缺失，而達到變革的目標。「效率稽核」是由 OPSS 之「效率小組」執行，現在一年有超過 300 個稽核和 20 個相關的研究計劃，此項稽核執行結果證明績效輝煌，執行以來總共節約了 1.5 兆英鎊。

(b) 財政管理改革

FMI 是在一九八二年開始實施，目的在改進中央政府之管理，以確保所有公務管理者，都瞭解他們的目標所在及如何達成目標，藉此明確其責任，使資源作最佳的利用。FMI 成功關鍵在於管理者被授與更大的職責以便管理、使用他們的財政資源，執行的成效係透過其工作成果與成本效益予以評量。

(c) 下一階段綱領

下一階段綱領是於一九八七年由效率小組提出，為進一步改進政府管理的一項報告。其重點包括：

- 大多數的文官是負責政府服務的執行。
- 高級公務員管理主要負責政策的形成，但缺乏服務執行的經驗。

・部長的工作是超負荷的。

・在績效和效果的改進上有能力不足現象。

・文官是太龐大且冗雜，以致無法以單一方式管理。

下一階段綱領的目標是在於改進文官的管理，以提高行政效率和服務品質。為達成目標，提出應成立執行機構和單位，來負責政策的實際執行，而僅保留少數的核心部會負責處理政策的控制；每一執行機構置一名執行長，以負責整個機關財政與服務品質目標的達成。一九九四年十月已設立的執行機關總數為99個，全國大約有63%公務人員——353000人，在該類機關工作；預計到一九九五年底將使大部分投入執行機關工作。

(d) 一九九二年文官功能管理法案

下一階段綱領，雖然在部門、機關間及機關內部間改進了相當多的人事管理分權，但仍有部分障礙隱藏在管理授權中。文官（功能管理）法案即在改善此一缺失，它使財政部及OPSS能夠授權全國公務人員行使管理功能職權，此種職權是授權機關負責決定選擇進用所需用人的期限和條件，如此機關將能對自己所需要的成員有更寬廣的選擇決定權，相對地削減了中央對其監督限制。

(e) 民眾至上宣言

「民眾至上宣言」是一九九一年六月通過施行者，目的在於改進公共服務，以回應並提供人民的需求，及更進一步達成效果與效率的組織方式。其主要的原則有：

- 標準化：明白公佈符合個人合理期望之設定、監聽服務標準；並將執行之績效公佈。
- 資訊公開化：以平實的文字，提供充分、正確的公共資料，只要付費即可提供人民等值的資料。
- 提供選擇與諮詢：公共部門應提供任何實際可茲選擇機會，凡是使用者需要服務，均應有系統、規範的提供諮詢，並應儘量以使用者觀點提供服務，優先提供他們所需。

・禮貌而有效率的服務態度：公務人員應穿著整齊、戴上名牌，表現最佳的禮貌周到的服務和幫助態度，因為有效率的服務和方便，是人民應有的權利和追求的目標。

・完備的救濟程序：如果事情出錯，一種道歉、充分解釋和快速有效的補救措施是必要的；這種目標的達成，有賴一套隨時獨立檢討之良好公開管道及簡易的陳訴程序。

・價值導向原則：運用國家有限的資源，以有效及經濟的方式作好公共服務，達到績效最大化。

「民眾至上宣言」是一九九〇年代政府施政重心，而在中央政府中，「下一階段綱領」，則是提供執行機構以達成其目標的主要工具。很多機關已經開始著手規劃，提供人民詳細的服務，這些包括了「利益機構有關客户協定」、「失業者雇用協定」、「捐獻基構有關捐獻與雇主協定」等，大部分機構均能透過各種方式，如問卷調查或召開會議等，以瞭解服務對象的的需要與喜好。

f 品質競爭方案

一九九一年十一月政府公佈一份名為「品質競爭方案」白皮書。競爭被視為是提高品質的保證，因此白皮書建議公共部門透過擴大競爭的方式，以提高服務。這些建議包括：

- 公佈擴大競爭提議面之目標。
- 提供誘因以改進服務和提高經費的最大價值，以達到最好的績效。
- 促進辦公現代化、簡化公文處理，使服務更簡明，以節省成本。
- 消除各種不必要的障礙，以祛除長期累積消耗之成本及不具誘因的作法。
- 界定並允許外部競爭的範圍，如專業和特殊的服務。市場試驗的外部競爭過程，涉及機關部門或機構間與私人部門的競爭；市場試驗被比喻為對私人部門的「利用或購買」的決定，這個決定不論是以契約方式或保留在內部執行，均能確保最佳的服務，並以最少的花費得到最好的價值。據統計從一九九二年四月一日到一九九三年九月三十日，中央政府大約七億英鎊的事務，經以市場試驗方式實施檢討結果，大約節省一億英鎊甚至更多的支出。同時據相關部門報告指出，標準化、品質也能改善或至少維持原來標準。

g私有化

「民眾至上宣言」顯著的一個方向，是以私部門之精神，在公共部門中提供增加選擇和效率。因此，各部門在無法要求增加設置機關或員額，而仍須繼續維持政府提供服務下，私有化便成為被考慮可行的途徑之一。據檢核機關的文件指出，通常在試行私有化後三年，再提供是否正式採行私有化是較適宜的作法

h一九九四年文官白皮書。

一篇名為「文官：連續和變革」的白皮書在一九九四年七月十三日被提出，白皮書重申政府對文官的主要政策為：

廉潔、公正無私、客觀、政治中立、依公平和公開競爭原則甄補人員、依功績原則選才和陞遷、透過部長向國會負責。白皮書擬定政府將更進一步改革績效的目標。其建議措施包括：

- 將來各部門依最佳效率考量下，由其自行決定，如何運用採取品質競爭和私有化方案；中央將儘量少予干涉，但這些部門每年需將如何利用最佳管理系統以獲取最佳效率計畫，送中央核備。
- 將自一九九六年四月一日起，對所有機關，授權高層級公務人員，賦予與其報酬相當之權責。
- 機關檢討之正式期限，將從目前三年改為五年。

白皮書的內涵，包括對政府回應了效率小組所作「永業管理和成功計畫專案研究（歐頓報告）」的建議。但政府的建議事項明顯落乎其後，例如，一項有關增加高級公務人員範圍的建議，包括在第五級以上人員及所有機關的首長，及每一部門將儘可能以減少冗員觀點，檢討其高級管理結構之建議，均需花費更長時問去變革才得以落實實施。

i開放性政府

一九九三年七月一份「開放性政府」白皮書被公佈，其目的是在實現政府的承諾，使得政府更開放、負責。這些政革措施包括：

- 一項中央及地方政府對於資訊處理均適用之新的執行準則。
- 國會應加強監察角色，以調查不依照準則形式之申訴案件。
- 提供政府財政和預算訊息，及有關公共支出過程之資訊，供全民瞭解監督。
- 「在民眾至上宣言」原則下，列出績效競爭總表供參。
- 增加個人得到資訊的方式，例如使用個人電腦查看個人資訊。

四、觀　感

（一）地方政制方面

1、**英國地方政制採行行政與議會一體制**，有其歷史背景，按英國是採行內閣制國家，中央政府內閣閣員由國會議員兼任，形式上係三權分立，實質上行政與立法權則透過政黨運作合而為一；在地方政府則更簡單，採行由議會兼行政工作之權力一元制，實施以來，並無運作不良現象，是其特色之一。

2、**英國地方政制劃分**，頗能因地制宜，隨著四個地區的不同，而有不同的行政區劃分，但每一地區行政層級均少。

3、**英國地方行政制度**，近幾年來配合社會環境變遷，大刀闊斧改革，不但減少行政層級，並且大幅簡併行政區域，一方面提高行政效能，一方面精簡機關組織，有效運用資源，頗足我國借鏡。

（二）地方政府人事制度方面

1、**英國政府人事制度**，在中央有一套嚴密周詳的制度，但在地方則以概括性、原則性的規定，由各地方政府在此規範下，自行訂定各種法規辦理，人事措施頗具彈性。

2、**英國地方政府職員進用**，均以公開方式自行招募，其辦理方式由職缺的檢討、特性分析、廣告、考評到決定用人，頗為完整，且受到議會監督及法規規範，少有爭議發生或產生所謂「特殊條款」等不公平現象；辦理的時間據告大約在五至六週，且在考選時以面談或簡易的測驗即決定是否進用，簡單易行，對適時補充人力有很大作用。

3、**英國地方政府在招募進用人員之前**，均印有公開詳細工作內容、職務名稱、性質、待遇福利、陞遷發展、工作環境及權利義務等相關資料；使報考人員均能瞭解將來任職的狀況，並有比較選擇機會。因此，進用後不致因工作或心理不適，造成離職的現象。

4、**由於機關用人自行招募**，考試人員亦多瞭解各機關狀況。因此，產生了競爭現象，而各機關為順利徵得人才，亦均對機關之各種條件力求改善，以增加對人員之吸引力，如此對當事人或機關而言均有正面的作用。

5、**英國很重視平等觀念**，此主要包括種族、性別及國籍等方面；因此，在地方機關均依前述中央法規規範，各別訂有一整套的人事平等執行策略。就訪問幾個機關均強調，絕對禁止種族的歧視；至男女平等觀念更深入，不但在待遇、陞遷不因男女有別，在甄選人員時亦無將女性視為弱者而加以保護的現象。

6、**英國政府對殘障人員等弱勢團體很照顧**，規定僱用二十人以上之機關團體，均須僱用殘障人員3%；且以優先補足缺額作法，以落實殘障人員的僱用政策。

7、**英國各級政府很重視公務人員的訓練發展**，連地方機關也不例外；此可從中央廣設訓練機關，如文官訓練學院、皇家公共行政學院、人事管理學院等可看出端倪。各地方也是如此，不但設有自己的訓練機關，而且機關內部設有統籌規劃辦理訓練業務部門，此種重視人力資源發展的作法與觀念，使得其人員得以發揮所長，進而提高工作效能。

8、**英國地方政府機關待遇頗具彈性**，薪俸標準由地方政府機關考慮本身條件自行訂定；每年待遇調整，更由公務人員團體代表與機關協商，以求獲得較符合公務人員希望的待遇。

9、**利用「裁員退休」的方式處理精簡人事或裁汰冗員的方式**，並給予優惠的退休金，此種方式有效去除冗員、精簡人事，提高工作效率。

10、**英國地方政府亦採彈性上班制度**，同時配合業務實際需要，人員進用採全時及部分工時方式，於工作核心時間，增加部分工時人員，彈性並有效運用人力。

11、**重視公務人員的反應及處理**，各機關大多設有申訴委員會，以處理有關人事管理上有關員工遭受不公平待遇或權益受損的案件，除可消除因個人因素而形成之不合理現象，亦可祛除員工不滿心理進而化解員工與機關之間的對立。

12、**英國政府實施國家保險制度**，保障每人年老的生活；地方公務人員除此之外，並有退休金制度，其中繳付退休自付金額後，並可相對減少保險的費用。且退休時可視個人意願購買年資，退休後並提供退休金投資運用管道，以增加退休金的收入，對公務人員退休後生活之保障甚有助益。

13、**英國地方政府退休金係採年金及一次退休金支給制度**，並無完全給與一次退休金，主要係著眼退休人員年老後的生活維持；這種重視公務人員退休後自給自足的觀念，亦屬其特色之一。

14、**英國地方政府公務人員撫卹給付分為死亡撫卹金、配偶撫卹金及子女撫卹金等三種**，對死者及其遺族充分照顧，使公務人員無後顧之憂，而能戮力從公、努力工作。

15、**此次訪問英國之各機關**，均能備妥整套、詳細、精美的資料簡介，據瞭解這些資料並非臨時製作，而是機關平常須具備之資料，其目的除提供新進人員瞭解外，平常提供各界瞭解該機關之人事管理狀況，一方面可藉機宣傳以利人員的羅致，另一方面亦可達到使民眾瞭解該機關員工上班作業的狀況。值得一提的是部分機關，如 RAS 係自給自足機關，對於其他機關的訪問係採取收費的作法，且收費不貲，以此次考察為例，我們訪問該機關約三個小時，共有兩個主管介紹其狀況，收費達 293.75 英鎊（約新台幣 12,484 元）。

（三）中央文官制度變革方面

英國政府為肆應近年來社會環境的巨大變遷，採取一連串的改革措施，從人事機構的改組、公營事業民營化、減少浪費、精簡文官人數、效率稽核、財政管理方案、下一階段綱領、市場試驗、資訊公開化、開放性政府等，可謂成效斐然。此種成效足以證明英國文官傳統價值以及制度的優越性；而政府勇於改革，劍及履及的作法更足供我國借鏡。

五、建議事項（略）

六、結語

英國的政治能夠安定，健全的文官制度功不可沒。此次考察團全體團員能目睹其各種典章制度，均深覺欽佩；惟人事制度並非一蹴可及，必須結合國情、民情、風俗、習慣、社會環境及民族習性等各種因素考量。我們一方面必須瞭解時代的潮流，一方面要汲取他們成功的經驗，以建立一套屬於我們自己的制度。

此次，考察雖時間短暫及其他因素影響而無法窺其全貌，但訪問團成員咸認對於新管理觀念之吸取，收穫頗豐。今後，冀能以此行所獲，落實於各自工作上。

參考資料

The British System of Government, London…HMSO, 1994。
The Civil Service …Contiunity and Change, London…HMSO, 1994。
Training and Development of Senior Civil Servants in The United Kingdom, OPSS, November 1994。
Leading for Quality, OPSS 1994。
Oxford City Council…
Pensonnel Policies in Action。
Local Government Pension Scheme。
Training & Development。

City of Westminster…

The Local Government Superannuation Scheme（Your PensionExplained & Choice）

Training & Deveiopment Opportunities。

University of Oxford…

Staff Deleopment Programme Academic Year 1994/5

王靖華，「英國高級文官考選制度之研究」，八十二年度出國專題研究報告，民國八十三年六月。

雷飛龍，「地方自治當前的問題」，內政部編印「地方自治論述專輯」（民國八十四年一月），頁五—三十。

鄒文海，各國政府及政治，正中書局，民國六十九年十月。

唐代詩人王維其人其畫

（二〇一三年作）

一、前　言

王維，是唐代著名詩人，在我國文學史上是盛唐時期田園詩派代表人物，他的詩和李（白）、杜（甫）齊名。他也是一位天才畫家，新唐書稱他「工草隸，善畫，名盛開元、天寶間」。他的山水畫，開水墨畫之風，而成為山水畫南宗之祖。明代書畫大家董其昌更尊他為「文人畫」之創始者，在畫壇上具有崇高地位。茲就其人其畫分述如次：

二、王維的生平

王維字摩詰（西元七〇一—七六一），山西太原人，其父處廉公以汾州司馬致仕，遷居於蒲，遂為河東人。王維九歲即知屬辭，事母至孝，與弟王縉俱有才名，十九歲赴京兆府試，中第一名「解頭」，玄宗開元九年進士擢第，調大樂丞，時年二十一歲。唐詩紀事引「集異紀」云：「維未冠，文章得名，妙能琵琶。春之一日，岐王引至公主第，使為伶人，進士前，維進新曲，號《鬱輪袍》，並出所為文。主大奇之，令宮婢傳教，召試官至第，諭之作解頭登第」，這段文字可能是當時某些人對年少才高的王維一種惡意中傷，以摩詰之才應不必如此，此事殊可存疑。天寶十一年，維拜文部郎中，遷給事中。安祿山陷長安，玄宗避走西蜀，維扈從不及，為賊兵所獲，維服葯取痢，偽稱瘖病，祿山遣人迎置洛陽，拘於普施寺，迫以偽署，賊亂平，王維以陷賊官三等定罪，維以在被拘時寄感所作「凝碧詩」：「萬户傷心生野煙，百官何日再朝天，秋槐花落空宮裏，凝碧池頭奏管弦」。聞於行在，肅宗嘉之，其弟王縉亦以請削自己的刑部侍郎職以贖兄罪，因獲特宥。責受太子中允，乾元中遷太子中庶子，轉尚書右丞，世人因以王右丞稱之。

王維經歷過安祿山天寶之亂的傷痛，在生活和思想上發生很大轉變，感受到富貴功名的無常，他有一首「酬張少府」詩：「晚年惟好靜，萬事不關心，自顧無長策，空知返舊林。松風吹解帶，山月照彈琴，君問窮通理，漁歌入浦深」。從這首詩中可以瞭解到他的心境。他的交遊中更多方外人士，如「藍田山石門精舍詩：「……捨舟理鞭策，果然愜所適，老僧四五人，逍遙蔭松柏，朝梵林未曙，夜禪山更寂……」又如「謁璿上人」詩序中云「上人外人內天，不定不亂，捨法而淵泊，無心而雲動，色空無礙，不物，物也。默語無際，不言，言也。故吾徒得神交焉……」。頗富禪門機鋒。又如「飯釜山僧」詩「燃燈晝欲盡，鳴磬夜方初，一悟寂為樂。此生閒有餘……」王維潛心向佛的心意已真實呈現。舊唐書本傳說：「維兄弟俱奉佛，居常素食，不茹葷血。晚年長齋，不衣文綵，在京師日飯十數名僧，以玄談為樂……」。故王維的詩和畫深具佛家思想。

王維晚年辭官後，得宋之問輞口別業，因而得與道友日常浮舟往來，彈琴賦詩，嘯詠終日。對於輞川的田園鄉野環境。他在與友人裴迪書中曾這樣寫道：「夜登華子岡，輞水淪漣，與月上下。寒山遠火，明滅林外，深巷寒犬，吠聲如豹，村墟夜舂，復與疏鐘相間，此時獨坐，每思曩昔攜手賦詩，步仄徑臨清流也……」。王維也曾將「輞川圖」繪於清源寺壁，可見他對輞川的喜愛。他在如此的閒適清靜生活中度過餘年，肅宗上元二年（西元六七一年）辭世，年六十一歲。（按舊唐書為乾元二年（西元七五九年），此時王維仍有活動，所記可能有誤。

三、王維的畫

王維的畫，在唐朝時已經稀有，據張佑「題王右丞山水障子」詩中曾寫道「右丞今已歿，遺畫世間稀」，這情形可能與王維詩的散失情形相同。舊唐書列傳提到維弟王縉為編王維詩集曾這樣說：「臣兄開元中詩百千餘篇，天寶事後，十不存一」，畫作可能喪失很多。存世的真蹟，日人大村西崖氏「中國美術史」指王維在兩都有三處壁畫，一為「慈恩寺大殿東廊第一院白畫」，一為「清源寺輞川圖」和「相國崔圓第」三處，但寺壁多已圮毀不存，惟「輞川圖」有多位臨摹者，如北宋郭忠恕「臨王維輞川圖」、張積素「臨王維輞川圖」以及元代趙孟頫、王蒙，清代王原祁等畫家所作「輞川圖」。唐代朱景玄在「唐朝名畫錄」中說，他曾見過王維輞川圖壁畫，指畫中「山谷鬱鬱盤盤，雲水飛動，意出塵外，怪生筆端」。可以想見這幅畫作的魅力。

除上述壁畫外，存世作品中，尚有「雪溪圖」、「江山雪霽圖」和「江干雪意圖」等。唐張彥遠在「歷代名畫記」中說：「余曾見其（王維）潑墨山水，筆跡動爽」。在上述畫作中，除「江山雪霽圖」外，後人認為都屬託名之作。雪霽圖是存世真跡，明代書畫大家董其昌在其「畫禪室論畫」書中曾敘述他見過這幅畫的情形：「今年秋，聞王維有江山雪霽圖一卷，為馮宮庶所收，亟令友人走武林索觀，宮庶珍之，自謂如頭目腦髓，以余有右丞癖，勉應余請，清齋三日，展閱一過，宛然吳興小幅筆意也。……親覽其盤礴之致」。又謂「右丞山水入神品，昔人所評，雪峰石色，迴出天機，筆意縱橫，參乎造化，唐代一人而已」。清初山水大家王原

王維雪溪圖

祁「西窗漫筆」中説：「畫中雪景，唐以前但取形似而已，氣韻生動，自摩詰開之」。王時敏「西廬畫跋」中説：「右丞江山雪霽圖，為馮大司成舊藏者，後歸新安程季白，余昔年京邸，與程連牆，朝夕過從，時時展玩，迄今三十餘年，不知此圖屬誰氏」？從以上歷代名畫家對王維畫的仰慕，足見其在中國畫壇中的崇高地位。「江山雪霽圖」有二摹本，據王伯敏「中國繪畫通史」，一藏於日本大阪，一藏於美國。

四、王維爲山水畫南宗之祖與文人畫始祖之由來

在中國畫史上，王維也稱為山水畫南宗之祖。關於山水畫分南北二宗之事，應從唐朝以前繪畫史説起。自魏晉以降，中國繪畫多以人物畫為主，如晉代顧愷之「女史箴圖」，南北朝張僧繇之佛像畫，唐初閻立本之「職貢圖」等名畫，

這點與西方文藝復興前的情形頗為相似，當時西方風景畫祇是人像畫的襯景。張彥遠在「歷代名畫記」中說：「魏晉以降，其畫山水，則群峰之勢，若鈿飾犀櫛，或水不容泛，或人大於山，率皆附以樹石映代」。這說明山水也祇是人像畫的附屬。唐初，山水畫有了重大變化，吳道子更使山水畫大興。據李景玄「唐朝名畫記」，當時曾有這樣一段故事，明皇（玄宗）自蜀回宮後，忽思蜀道嘉陵江三百里山水，遂請吳道子往觀寫生，及回，明皇命其圖於大同殿壁，吳因之一日而畢。時有唐宗室右武衛大將軍李思訓，亦以山水畫擅名，明皇亦宣於大同殿圖之，累月方成。明皇云：「李思訓數月之功，吳道子一日之迹，皆極妙也」。此時李、吳二人的畫已各具勝場，畫史上有「山水始生於吳生（道子），成於二李」之説。李大將軍與子昭道的畫傾向於工密絢爛，善用金碧輝映，為金碧山水的開創者。王維受到吳道子的影響和佛家禪宗的理念，以水墨渲染，營造出蕭疏蘊藉的畫風。明代學者莫士龍在「畫説」中稱：「禪家有南北二宗，唐時始分，畫之南北二宗。亦自唐時分也，但人非南北耳。北宗則李思訓父子著色山水，流傳而為宋之趙伯駒、伯驌，以至馬（遠）、夏（圭）。南宗則王摩詰用渲染，一變鉤斫之法，其傳為張璪、荊（浩）、關（仝）、郭忠恕、董（源）、巨（然）、米家父子以至元之四大家」。

明代董其昌氏更尊王維為文人畫始祖，他在「畫禪室論畫」一文中，把董源、巨然、李成、范寬、李龍眠、王晉卿、米南宮，直至元四大家以及明朝文徵明、沈周等人皆列為「南宗正傳」。南宗幾乎成了山水畫的主流。

五、王維的詩與畫

王維是詩人，也是畫家，蘇東坡曾言：「味摩詰之詩，詩中有畫，觀摩詰之畫，畫中有詩」，確屬至當之論。王維的畫，蕭疏蘊藉，意境深遠，極具詩情，為歷代畫人所景仰，已如前章所述。其詩中有畫，在王右丞詩集中，可謂俯拾即是，試讀下列詩句：

「明月松間照，清泉石上流」（山居秋眠）
「泉聲咽危石，日色冷青松」（過香積寺）
「荒城臨古渡，落日滿秋山」（歸嵩山作）
「大漠孤煙直，長河落日圓」（出塞）

上述詩句，閉上眼睛冥想，都是圖畫。

曹雪芹在「紅樓夢」第四十八回，借香菱和黛玉討論王右丞詩，把詩中有畫的情景表現得最為傳神。香菱說：「渡頭餘落日，墟里上孤煙，這「餘」字合「上」字，難為他怎麼想起來？我們那年上京來，那日下晚便挽住船，岸上又沒有人，只有幾棵樹，遠遠的幾家人家作晚飯，那個煙竟青碧連雲，誰知我昨兒晚上看了這兩句，倒像又到了那個地方去了」。這就是王維詩中有畫的寫照。由此可以體認到王維的詩與畫是這樣的契合的。

畫史上，王維有「山水論」一篇，凡六百餘言，起首為「凡畫山水，意在筆先」，允稱繪畫要訣，但宋代「宣和畫譜」、元湯垕「畫鑑」皆稱為荊浩所作，也有人認係後人託名之作，故本文不作論述。

六、結語

王維在畫壇上被尊為文人畫之始祖，為世所公認。依近代學者陳衡恪氏所著「中國文人畫研究」一書所下定義，「何謂文人畫？即畫中帶有文人之性質，含有文人之趣味，不在畫中考究藝術之工夫，必須於畫外看出許多文人思想，此之謂文人畫」。他並提出文人畫四要素，即人品、學問、才情、思想、具此四者乃能完善。這個定義和要素，幾乎是依王維的個人特質而定的。以摩詰之才、之畫、之品及其思想，可謂實至名歸。

參考書籍

新、舊唐書王維傳

唐詩別裁　沈德潛編著　商務印書館

歷代名畫記　張彥遠著　廣文書局

中國畫論類編　河洛圖書出版公司

中國美術史　大村西崖　商務印書館

中國繪畫史　鄭昶　中華書局

關於院體畫和文人畫之研究　滕固　學生書局

西洋美術史　呂徵　商務印書館

中國文學發達史　中華書局

庸齋談藝錄　容天圻　商務印書館

紅樓夢　曹雪芹　世界書局

清代畫家鄭燮的繪畫思想與藝術成就

（二〇一五年作）

一、鄭燮生平

鄭燮字克柔，號板橋，江蘇興化人，生於康熙三十二年（一六九三）。祖父以儒學精博而入仕，父親未取得功名，設塾館授徒為生。鄭燮三歲喪母，由乳母費氏扶養，他的乳母是一位了不起的女性，她在貧寒的鄭家盡心盡力照顧鄭燮，其間曾一度隨其夫離去，三年後復來，照料鄭家三十四年，鄭燮成進士後，無疾而終。鄭燮曾寫詩紀念她「平生所負恩，不獨一乳母……食祿千萬鍾，不如餅在手」。感念她在幼時餵餅之情。鄭燮家境貧寒，幼從父讀，困苦力學。年二十二歲，娶妻徐氏，二十六歲至四十歲至揚州，從而結識李鱓，黃慎及金農等人。

鄭燮三十歲時喪父，他在「七歌」詩中道出當時貧困之情「今年父歿遺書賣，剩卷殘書看不快，爨下荒涼告絕薪，門前剝啄來催債」，情景確實可憫。雍正九年，夫人徐氏意外亡故，次年應鄉試中舉人，復在鎮江焦山苦讀三年，乾隆元年考中丙辰進士，時年四十四歲。是年納續絃饒氏，他們之間的相識，鄭燮曾寫了一篇「板橋偶記」，是一段很有情義的佳話。饒氏曾生一子，六歲時亡故。故鄭燮無子嗣。

乾隆七年，鄭燮授山東范縣縣令，乾隆十一年轉任濰縣縣令，這年山東發生大飢荒，鄭燮一方面，開倉賑濟災民，一面勸說境內殷實大戶捐助救濟，活人無數。但也竟因此忤逆大吏。乾隆十八年被罷官去職。鄭燮為官十二年，勤政愛民，甚受百姓愛戴。他在濰縣縣署中，曾畫竹一幅寄呈大吏，畫中題詩云：「衙齋臥聽蕭蕭雨，疑是民間疾苦聲，些小吾曹州縣吏，一枝一葉總關情」。他心中所念的是民間疾苦，這也可見鄭燮的仁心。據說他離去濰縣時，騎著一匹蹇驢，帶著一位老僕，幾卷書籍，行囊蕭瑟，兩袖清風而歸。

鄭燮辭官後，再回到揚州與舊友相聚並賣畫維生。六十七歲時，方外友人拙公和尚曾勸他停止以繪事作為生活之需，但他在經濟上仍陷在困頓之中。據「鷗陂漁話」一書中曾收錄他「筆潤」的記載：「大幅六兩、中幅四兩、小幅二兩，書條對聯一兩、扇子斗方五錢……」。可見他賣畫所得，不算很高。「墨林今話」也曾記載：「家貧不廢聲色，所入潤筆錢，隨手輒盡」。乾隆三十年（一七七六），他在揚州逝世，享年七十三歲。

二、鄭燮與揚州畫派

東南名都揚州，自隋煬帝開鑿運河，使南北交通暢通後，經濟日趨繁榮，至唐代盛名遠播，如李白詩「故人西辭黃鶴樓，煙花三月下揚州」，杜牧詩「腰纏十萬貫，騎鶴上揚州」句，可說明它的盛況。南宋時，因征戰一度冷落，但元代又恢復盛況，清代因蘇北鹽業興盛，朝廷在揚州置鹽運使署，於是鹽商多聚集於此。那時，蘇北濱海地區，到處都是以海水煮鹽的鹽灶，鹽商們以極低廉的價格收購粗鹽，運銷到江西、兩湖內地，可獲巨利。而鹽商們的奢豪生活和競尚風雅的影響，也造成揚州對飲食文化和書畫藝術的追求，於是畫人、書法家也雲集於揚州。

據「揚州畫舫錄」記載，自清初至乾隆年間。僅揚州一地聚集的畫家就達一百數十人之多，其中如石濤（大滌子）、華喦等人都曾在此居停。以揚州府屬的畫家如李鱓、鄭燮（興化人）、李方膺（南通人）及寄寓在揚州的羅聘、汪士慎（安徽歙縣）、金農（浙江杭州）、黃慎（福建寧化）等人而有「揚州八怪」之稱，他如高鳳翰，邊壽民、李勉、高翔等人也被稱之為八怪中人，因此「八怪」不只有八人，也不限於揚州本地人。他們有一個共同點，就是多出身貧寒之家，有人曾取得功名，做過官，有人則是職業畫人，在窮苦力學後，自有一股傲岸之氣。如鄭燮（板橋）曾是乾隆丙辰進士，做過縣令，在閱歷上自有一番見識，其「不矜小節，灑灑然狂達自放」以及「日放言高論，臧否人物無所忌憚」的性格，自得狂名。這一群畫人，常在一起雅聚，如兩淮鹽運使盧見曾（抱孫）曾有「虹橋修禊」聚會，座上客即有鄭燮、李鱓、高鳳翰等人，又如馬日璐（鳳兮）兄弟的「小玲瓏山館」聚會，金農、高翔、羅聘常在其中，汪希文的勺園，鄭燮、李鱓等亦為常客。是故這一群人，就被視為「揚州八怪」的稱號，是不公平的，近代學者多主張以「揚州畫派」稱之。

「揚州畫派」中人的作品，可以很顯著地看出受到北宋墨竹畫家文同（與可），明末陳淳（道復）、徐渭（青藤）、朱耷（八大）和石濤（大滌子）等人的畫風影響。他們擺脫了摹擬古人的窠臼，敢於創新，展現了作者性靈與脫俗的境界。鄭燮在繪畫創作中，其對社會關注的情懷，更突出這種感受。

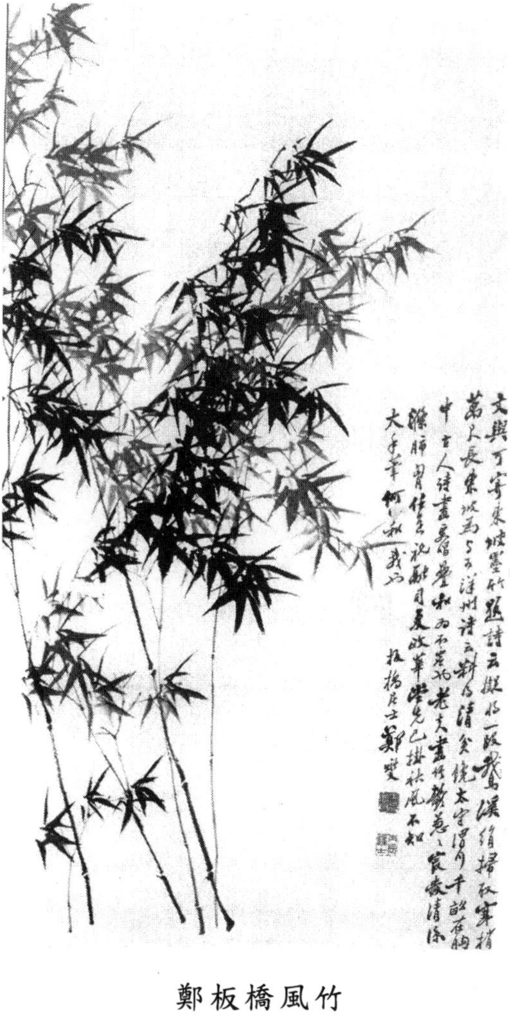

鄭板橋風竹

三、鄭燮的繪畫思想

鄭燮在繪畫理論和思想上，沒有留下完整的和有系統的論述。但他常在題畫上或詩作中抒發他畫作的構思和見解，綜合這些題畫詩文，可以瞭解到他的繪畫思想：

（一）反對泥古不化、模仿別人

石濤和尚晚年居揚州時，提出「我師我法，反對泥古不化」的繪畫思想，鄭燮對此頗為契合。他在一篇論東坡畫枯木竹石的題畫中說：「余作竹作石，固無取於枯木也，意在畫竹，則竹為主，以石輔之，不泥古法，不執己見，惟在活而已」。又在另一篇題畫中云：「鄭所南、陳古白兩先生善畫蘭竹，燮未嘗學之，徐文長、高見園兩先生不甚畫蘭竹，而燮時時學之而弗輟，蓋師其意而不在迹象間也」。又說：「予作蘭有年，來揚州見石濤和尚蘭花，横絕一時，心善之而弗學也，謂其過縱，與之不同路」。以上幾段文字，都表現出鄭燮在繪畫上不泥古法，不模仿別人的思想，他要追求的是自我性靈的展現。

（二）以自然為師

「揚州畫舫錄」作者指板橋的蘭竹直接取法石濤，此說頗值商榷。鄭燮說過：「古之善畫者，大都以造物為師，天之所生，即吾之所畫」。又在一篇題畫中寫道：「余家有茅屋二間，南面種竹，夏日新篁初放，綠蔭照人……取圍屏骨子，斷去兩頭，橫安以為窗櫺，用勻薄潔白之紙糊之，風和日暖，凍蠅觸窗紙上作小鼓聲。於時一片竹影零亂，豈非天然圖畫乎？凡吾畫竹，無所師承，亦多得於紅窗粉壁，日光月影中耳」。他取法自然，以自然為師的這一思想，打破中國畫人執著於傳移模寫的法則。

（三）畫要專工

鄭燮說過：「石濤善畫，蓋有萬種，蘭竹其餘事也。板橋專畫蘭竹五十餘年，不畫他物，彼務博，我務專，安見專之不如博乎？」又論畫云：「（畫）必極工然後能寫意，非不工而能寫意也」。他反對急功好利超捷徑的繪畫態度，他曾這樣告誡習畫者：「不奮苦而求速效，只落得少而浮誇，老來窘隘」。他認為「不求工而去寫意，殊不知寫意二字，誤了多少事，欺人瞞自己」。這種求工務專的思想，足可啓發後來畫者。

（四）以畫代耕

鄭燮對書畫的創作，不認為是多麼高貴的事，由於他幼年出身貧寒之家，他不是寄情於書畫，而是要以賣畫維生。他在寫給其弟的家書中曾這樣說：「大丈夫不能立功天地，以養民生，而以區區筆墨供人玩好，非俗而何？」又坦然說：「學畫賣錢，以代耕稼，實救貧困，托名風雅」。他這種以畫賣錢，以代耕稼的思想，是把賣畫當作和農夫種田賣穀子一樣，是正大光明的事。板橋很尊重農夫，他在另一篇家書中寫道：「我想天地間第一等人只有農夫，農夫皆苦其身，勤其力耕種收穫，以養天下之人……」。所以以畫代耕，辛勤作畫賣錢的思想，是其真情的告白。

四、鄭燮在藝術上的成就

（一）鄭燮把文人畫發展到超俗的境界

「文人畫」一詞，出自明代書畫大家董其昌所倡，他在「畫禪室論畫」一文中，曾這樣說「文人之畫，自王右丞始，其後董源、巨然、李成、范寬為嫡子，李龍眠、王晉卿、米南宮、皆從董巨得來，直至元四大家黃子玖、王叔明、倪元鎮、吳仲圭皆其正傳，吾朝文、沈則又遠接衣缽，若馬、夏及李唐、劉松年又是李大將軍之派，非吾曹所當學也」。他所列出的這些人，可以說每一位都是中國畫界舉足重輕的人物，他所不當學的是李思訓一派的金碧山水。但後人竟以此作為中國畫的「正宗」，如清代畫人唐岱在「繪事發微」中認為畫有正派，須得正傳，不得其傳，雖步趨古法，難以名世也」。另沈宗騫「芥舟學畫編」中把清初四王（王時敏、王鑑、王原祁、王翬）也列入「正派」，此說顯然以山水畫作為正宗正派，若依此說，則花鳥、翎毛、蘭竹之畫作，豈非旁門左道乎？

近代學者陳衡恪先生所著「中國文人畫研究」一書，他為文人畫所下定義是「何謂文人畫？即畫中帶有文人之性質，含有文人之趣味，不在畫中考究藝術之功夫，必須於畫外看出許多文人思想，此之謂文人畫」。又說「畫之為物，是性靈者也，思想者也」。他並提出文人畫四要素：人品、學問、才情、思想，具此四者，乃能完善。

依上述含義，繼承王維文人畫一脈者，除董香光所說山水大家外、以墨竹入畫的創始者北宋文同（與可）、明末陳淳，八大山人、石濤等人的水墨白描、蘭竹等，他們的畫風不拘繩墨、發自性靈、咸認是洗盡鉛華，超脫色相，達到心靈上至高境界的文人畫作。而鄭燮以蘭竹為主的畫，「畫史評論」認為「脫盡時弊、秀勁絕倫」，更把文人畫發展到超俗的境界。

（二）鄭燮以書法入畫的風格

中國畫在五代以前，畫面上沒有題跋、款識，宋代後始有落款，如北宋畫家范寬的「谿山行旅圖」，他的名字只出現在畫中樹葉隙縫間。畫面上有了題字大概在宋末元初之際如錢選、趙子昂二大家畫面上始有了題字，但也僅在畫的一側或在某一留白處寫上題詩或年月款識。鄭燮的畫，他是以畫面的半幅或一側，甚至在畫中的蘭竹間展現他的書法。鄭燮在「四子書真蹟序」中曾自云：「板橋既無涪翁之勁拔，又鄙松雪之滑熟，徒矜奇美，創為真隸相參之法，而雜以行草」，他的字自稱是「六分半書」，是以漢隸、魏碑和懷素草書結合的書法，有人稱之書法即畫，畫中有書法，自有一種豪邁逸趣。他在題畫詩中自云：「要知畫法通書法，蘭竹如同草隸書」。他把書法和畫融為一體，而構圖和諧，畫面生動，這是鄭燮畫的特有風格。

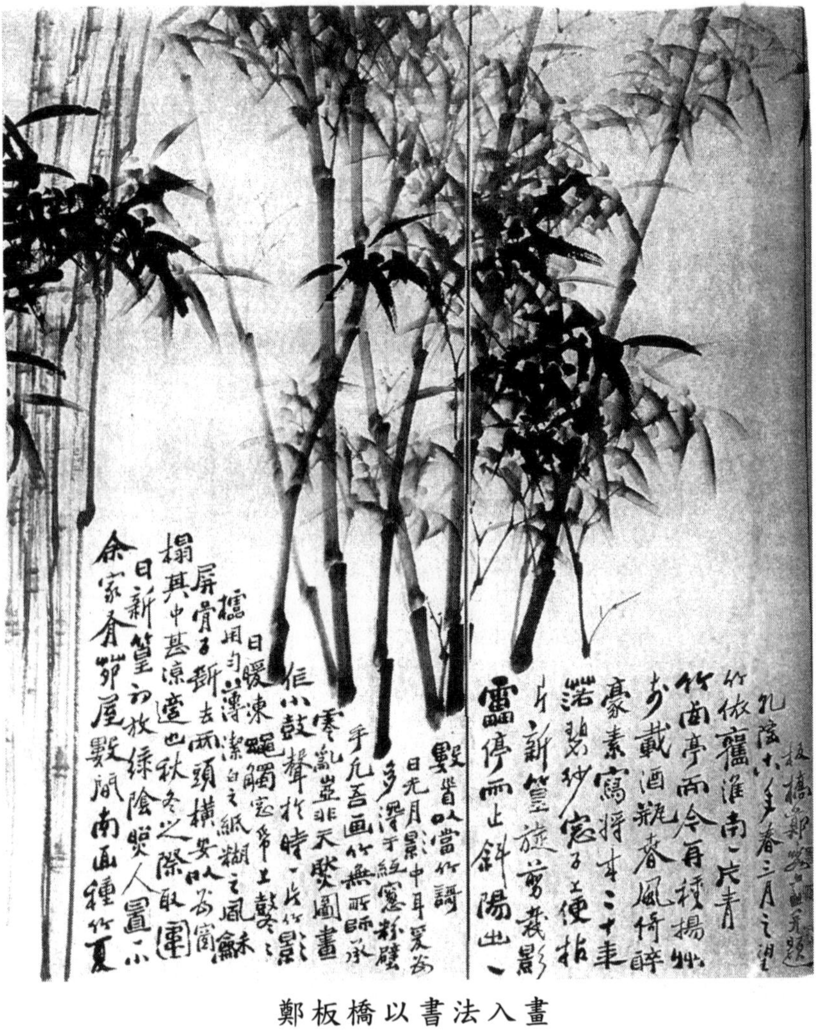

鄭板橋以書法入畫

（三）鄭燮有詩書畫三絕的美譽

鄭燮除了在繪畫和書法上的卓越成就外，他的詩文也很可觀。他寫詩的內容包含哲理，社會、寫實、史論、抒情、家事、酬答和題畫等旁及詞以及道情。所述寫實而意象清新，話語平實，近人評其詩近香山、放翁，詞述稼軒、其年，其成就與書，畫媲美。他辭官歸揚州時，他的友人在小玲瓏山館的聚會中，畫友李勉為他寫了一付對聯，上聯是「三絕詩書畫」，下聯為「一官歸去來」，把鄭燮藝術的成就與罷官而歸的瀟灑之情寫實如躍紙上，鄭燮看後也以此自負。後人也公認這是對鄭燮藝術上的真實評價。

（四）結　語

綜觀鄭燮的一生，誠如近代藝術大師徐悲鴻先生所說：「板橋先生為中國近三百年來最卓絕人物之一，其思想奇、文奇、書畫尤奇」。允屬至當之論。

參考書籍

鄭板橋集　鼎文書局
揚州畫派　藝術圖書公司
中國畫論類編　河洛圖書公司
揚州畫舫錄　李斗著　世界書局
中國美術史　鄭昶著　中華書局
中國畫史研究論集　李霖燦著　商務印書館
庸齊談藝錄　容天圻著　商務印書館
美術論集　華岡藝術圖書公司

鄉賢史話部分

宋代詞人秦少游

原載「菱川鄉訊」第十七期

「我的家鄉在高郵，風吹湖水浪悠悠，岸上栽的是垂楊柳，樹下臥的是黑水牛」。

「我的家鄉在高郵，女孩子的眼睛烏溜溜，不是人物長的秀，怎會出一個風流才子秦少游」。

這是摘錄著名作家汪曾祺先生所作「我愛高郵」詩中的二節，詩中對秦少游「風流才子」之稱，是人所熟知的。其實這與戲曲虛構的「蘇小妹三難秦少游」的故事，把他塑造為一個風流倜儻的人物有關。

宋史文苑傳「秦觀字少游，一字太虛，揚州高郵人」。其故里在今武寧鄉秦家墩。他的祖父承議公在江西南康做官，秦觀在江西九江出生，排行第七，因此也叫「秦七」。

七歲時返回高郵。他有兩個弟弟，覿字少章，覯字少儀，均能詩文。秦觀年少豪雋慷慨，溢於文詞並喜兵家書，年十九與湖南潭州寧鄉主簿徐成甫之長女徐文美結婚，所以就沒有「蘇小妹三難情郎」這回事。

秦觀二十六歲時，聞蘇軾為當時文宗，想游其門未果，後蘇公道經揚州，會晤郵邑名士孫莘老（黃庭堅外舅），莘老出秦觀所作詩詞數百篇，蘇公讀後大為嘆服，遂結為神交。元豐二年蘇公自徐州徒湖州，與秦觀偕行，秦觀在會稽作滿庭芳詞，即「山抹微雲」篇，蘇公極為讚賞，戲呼秦為「山抹微雲」君，而後人因蘇軾念奴嬌詞中的「大江東去」氣勢雄偉，遂有「山抹微雲秦學士，大江東去蘇東坡」聯句，既工允又切合二人的各擅勝場。

蘇軾很激賞秦觀，曾介其詩於王安石，荊公亦謂其詩「清新似鮑謝」。蘇公勉秦觀以應舉為親養，他在三十七歲時始考中進士，初任定海主簿，調蔡州教授，元祐二年，蘇公以賢良方正薦於朝，除太學博士校正秘書省書籍，遷國史院編修官，但他的仕途不順，又因黨禍累遭貶調。五十二歲在雷州（今廣東省），徽宗元符二年被命復宣德郎詔還，至藤州

（今廣西省），因醉臥光化亭，索水飲而卒，年五十有二歲。元豐七年，秦觀在高郵家居時，蘇軾曾來高郵看望秦觀，同時邀集了郵邑名士孫覺（莘老）、王鞏雅集，這一聚會之所，後成為高郵聞名勝景「文遊臺」。秦觀著有「淮海集」三十卷，「淮海閒居集」十卷，「淮海詩餘」一卷。

文內提到的鄉賢孫覺字莘老，高郵人，黃庭堅之外舅，亦為蘇軾、秦觀之好友，宋皇祐元年巳丑進士，官至龍圖閣學士兼侍講。卒年六十有三，著有「周易傳」十卷、「春秋經解」十五卷等書。

附「滿庭芳」詞

山抹微雲，天粘衰草，畫角聲斷譙門，暫停征棹，聊共引離樽，多少蓬萊舊事，空回首、煙靄紛紛，斜陽外，寒鴉數點，流水繞孤村。

銷魂，當此際，香囊暗解，羅帶輕分，漫贏得，青樓薄倖名存，此去何時見也，襟袖上、空惹啼痕，傷情處，高城望斷，燈火已黃昏。

經學大師王氏父子

原載「菱川鄉訊」

有清一代，吾邑先賢出了二位經學大師。清代乾隆、嘉慶兩朝學風最盛，號稱「乾嘉之學」，而王念孫、引之父子的音韻、訓詁之學正是當時的傑出代表。

王念孫字懷祖，號石曜（一七四四—一八三二），乾隆進士，由庶吉士改任工部主事，升任御史給事中，官至永定河道。六十歲時辭官致仕，為官清廉不受請託。精研音韻學、文字學、訓詁學、校堪學，著有「廣雅疏證」、「讀書雜誌」等書。

念孫長子引之，字伯祖，號曼卿（一七六六—一八三四），嘉慶探花及第，官至工部尚書。幼承家學，精研經學，著有「經義述聞」、「經傳釋詞」等著作。

他們父子的經學成就，受到當時經學大師段玉裁的讚賞。另一位大家阮元則稱其「王氏父子，一家之學，海內無匹」。近代國學大師章太炎先生，也稱其「古韻學到王念孫，已基本上分析就緒了，後人可做的事，只不過是修補的工作」。

王氏父子的另一為人所不敢為的大事，是參劾乾隆寵臣和珅，嘉慶四年正月初三，太上皇乾隆帝駕崩，初八日王念孫以吏部掌印給事中之職，上疏參奏，這一奏章，既不能得罪太上皇，也不能讓嘉慶帝為難，據説念孫在擬稿時，引之在旁説出「唐堯在位，猶有共驩，虞舜登庸，即行誅殛」，念孫大悟，即加入奏章內，將乾隆、嘉慶比作唐堯、虞舜，和珅比作共工、驩兜，嘉慶帝覽奏後即下旨將和珅問罪。

高郵城內西後街，獨旗竿王氏舊宅，現已修建為「高郵王氏紀念館」，為吾邑著名古蹟。

早期來台二鄉賢

原載「菱川鄉訊」第一期

我們高郵早期來台以政績而名垂台灣史冊者，有夏公之芳、高公鴻飛二位。深值吾輩景仰。

夏公之芳，號筠莊，高郵城區人，清代雍正癸卯進士，授翰林院編修。雍正丁未（公元一七二七年），以御史巡台兼學政，當時，海禁開放，閩省渡海來台開墾者眾多，夏公對台灣文教啓迪甚有貢獻，在任職期內，曾主歲、秋兩試，著有政蹟。按巡南北路時，雞犬不驚，且有嚴懲陷害原民通事的事件，深受台民愛戴。卒年五十有八歲。著有「台灣雜詠百詠」一卷，選錄二首，具見台灣早期開闢景象：

「紅毛百雉半頹垣，雙榜迷離海氣昏，共指賀蘭遺舊跡，戍樓空有野啼猿」。

「金湯永固藉雄兵，極北分屯淡水營，礦氣漸消田漸闢，料應添築海邊城」。

高公鴻飛，字伯鸞，號南卿。道光十二年壬辰恩科舉人，道光二十一年辛丑進士。來台先補台灣彰化縣知縣，繼署鳳山縣，咸豐二年奉旨以同知補用調署台灣縣。咸豐二年三月彰化葫蘆墩為漳泉人互市之所，匪徒聞有互毆情事，乃乘機騷動，村民多畏避，鴻飛知遷延必釀巨禍，星夜馳赴，諭以勢理，密會營弁誅首禍者，民賴以安。咸豐三年正月，縣試甫畢，聞匪徒再起騷動，鴻飛慨然曰：「吾任茲土，不能救此一方民，安用生為？」請撥兵勇，復少不濟事，四月廿八日出城至灣裡街，偵報賊蠭起，鴻飛為民捍患，奮力轉戰一晝一夜，力竭陣亡。事蹟宣付史館，入祀台灣名宦祠，載入高郵州誌，台灣雲林縣誌稿亦有載。

臨澤鄉賢喬竦、喬執中父子

原載「菱川鄉訊」第八期

在我的故鄉，高郵臨澤鎮安樂教寺的左側，有一間祠堂名「喬公祠」，抗戰前曾一度為第五區公所辦公署，這位喬公當時也有人訛傳為三國時代的喬國老。按「三國志」吳書周瑜傳：「孫策欲取荊州，以瑜為中護軍，領江夏太守，從攻皖，拔之，時得橋公兩女，皆國色也，策自納大橋、瑜納小橋」。此橋公名玄，梁國人，以閱人聞名，嘗謂曹操：「天下將亂，非命世之才不能濟也，能安之者，其在君乎？」這位橋公實非喬公，這是「三國演義」中誤值為喬，而京戲中的甘露寺更將喬公稱之為喬玄，這就難怪吾鄉有此訛傳了。

吾鄉喬公祠主祀為宋代名臣喬竦、喬執中父子，竦字立之，高郵臨澤鎮人，設館授徒，淮南千里方圓子弟慕名而來求學，他的學生中孫覺曾考中進士。

竦子喬執中，字希聖，宋英宗治平四年進士，曾任須城（今山東省東平縣）主簿，徙轉運判官，召為司農丞，改提點京西北路刑獄，哲宗元佑初為吏部郎中，遷給事中，刑部侍郎。王安石主政時，曾引執中編修「熙寧條例」，終年六十三歲。著有「中庸義」一卷、「周易説」十卷、「古律賦」十五卷及「雜文碑記」十卷等。宋史列傳評執中「寬厚有仁心，屢典刑獄，雪活以百數」又稱其「始終不渝厥守，豈易得哉？」

據高郵州誌載，喬侍郎宅久廢，喬公祠為清代道光年間由鎮人捐資興建，喬竦墓係由孫覺撰墓誌銘，相傳民田內有俗稱「天官墳」者，今俱已不存。

鄉土文學韋柏森的竹枝詞

原載「菱川鄉訊」第四期

吾邑先賢歷來頗重視鄉土文史，自明穆宗隆慶六年（西元一五七二年）范惟恭修志以來，高郵即有完備的州志，歷經多次纂修，對於山川、民賦，物產、交通、官制、典章以及人物、習俗等多有蒐集記載，足供後人對鄉土文化與社會變遷的瞭解。但志書大抵屬官修之史，於風土人情之采擇取捨自有簡略未盡之處。吾鄉茗莊居士韋公柏森所著「秦郵竹枝詞」及「菱川竹枝詞」，其對鄉土文物、風俗及景物之描摹，足以彌補這方面的闕漏。

「竹枝」是古代民歌中的一種，唐代詩人劉禹錫曾運用它的體例，創作為七言絕句，如江南竹枝詞「楊柳青青江水平，聞郎江上唱歌聲，東邊日出西邊雨，道是無晴卻有晴」，是很有趣味也是為人們所熟悉的詩句。茗莊居士在「秦郵竹枝詞」首篇寫道「歌風敢效古詩葩，聊借詞家當畫家，約略描摹全景象，竹枝一個一高沙」，說明他是借竹枝的形式，來描摹高沙（高郵）的風土全貌。全詞共有百詠，舉凡古蹟名勝、人物、民情、風俗、掌故、趣聞等無不入詩，而詩文又以通俗文字生動的描述所詠的事物。欣賞之餘，更有助我們對故土的瞭解。

韋公柏森，高郵臨澤鎮人，秦郵、菱川二竹枝詞，作於清光緒二十一年。秦郵詞係描摹高郵城區之作，菱川詞則係對臨澤景物的描摹。韋公柏森後人韋壽春兄生前返鄉時，尋得兩集木刻版本，影印送余，茲錄各二首如次。

秦郵竹枝詞

珠湖書院

珠湖書院創城南，舊院文臺那復談，
但到邑侯甄別後，課期初八二十三。

註：上述詩文記述書院舊址與書院課期舊制。

詠漕運

旗丁漕運向清淮，順帶鄰封寶應差，
不是糧船黑屁股，那來兒輩語恢諧。

註：高郵漕運船隻，船尾以黑色標示，故當高郵船到，碼頭人員咸呼，「高郵黑屁股到」，以致市井小兒嘲笑高郵人是「黑屁股」。

菱川竹枝詞

臨澤縣

於今臨澤屬高郵，回首南朝縣枕流，
剩水迴環渾似帶，繁華街市共門樓。

註：上述詩文，記述臨澤於南北朝時置縣治故事。

安樂教寺

南征北戰苦經營，青史空留紙上名，
今日沙門安樂寺，六朝帥府杜僧明。

註：安樂教寺一說始建於南宋孝宗乾道年間，一說為南朝蕭梁時「四百八十寺」之一，南朝陳武帝大將杜僧明為臨澤縣人，曾在此開府。

英烈夫人毛惜惜

民國三十六年間，我在鎮江讀書，寒暑假時回到郵城，當時我的小學同窗趙燮揚兄在界首師範，假日也回到高郵，我們常相約在北門外會合，然後繞著城牆走到城東南角城根處，那裡有一座白石欄桿圍繞的墓園，面對東門靜土寺寶塔，我們在那裏休息閒聊。那時不知墓中是那一個朝代的大官夫人？日後，讀史書、州志，才知道是南宋理宗端平年間一位官妓，因痛斥背叛朝廷的叛將而遭殺害的英烈夫人。

英烈夫人名毛惜惜，淮安人，聰明貌美，能歌善舞。當時蒙古人滅金，建立大元朝，蒙古軍聲勢浩大，南下征宋，高郵守城別將榮全和太尉王安竟不戰先豎降旗，南宋制使為安撫二人，遣使為二人封官，兩叛將竟將使者殺害，並置酒慶功，召惜惜陪酒獻唱。惜惜生性剛烈，她鄙視叛將的背叛朝廷行為，拒絕陪酒，並痛斥二叛將的無恥，致遭榮全當場揮刀殺害。宋軍派大將李虎攻破郵城，將榮全一干叛徒正法，並將惜惜的壯烈情事上報朝廷，朝廷為此封惜惜為「英烈夫人」，事載宋史。並將英烈夫人葬於城東南角城根處，明清兩朝均有修建。

我們應當拋棄種族情結，就英烈夫人的壯烈行為而言，她所堅持的是氣節，是一個食朝廷俸祿者應該遵守的道義，所以她不齒宋軍高郵守將。我們高郵有這樣一位偉大女性，值得千秋萬世崇敬。

英烈夫人的事蹟，來台鄉長王宇清先生曾編為劇本，惜未有盛大演出。高郵在中共建政後，為發展經濟建設，擴建道路，拆除城牆，英烈夫人墓亦隨之消失。

紀念文部分

靈岩山恭謁李公根源墓記

（二〇一四年作）

蘇州西郊有靈岩、穹窿、天平、鄧蔚、天池諸山，峰嵐秀美，鍾靈毓秀。群山荒徑中有許多歷史名人的佳城幽壙安奉其中，如北宋韓襄毅（世忠）、明代首輔徐武功、魏文靖公以及書畫大家文徵明、董其昌等人的塋墓。據聞李公根源墓在靈岩山，民國一〇三（二〇一四）年秋，余在蘇州小住，一日，偕內人往遊西山，道經靈岩山，當時因罹患坐骨神經痛，步履維艱，不能登山，乃恭立於山下默禱，遙謁李公墓。

李公諱根源字印泉，雲南騰衝人，清代永昌府學增生，日本陸軍士官學校步科畢業，並曾在早稻田大學政治經濟科修業。民前三年（宣統元年），任雲南講武堂監督總辦。這期間，他破例招收了一位四川籍學生，此人日後就是曾任國民革命軍第十八集團軍總司令，中共建政後人大常委會首任委員長，也是十大元帥之首的朱德。

李公在辛亥光復之役，與蔡鍔將軍同謀舉義。民初，任陸軍第二師長，並當選國會眾議員，及後歷任陝西省長、農商部總長、並曾兼署國務總理等職。因憤於軍閥曹錕賄選，乃退出政壇，息影吳門，和當代大師、名流章太炎、張一麐、陳石遺、于右任先生等往來，致力於經史、國故等研究。抗日戰爭初期，李公曾把在淞滬戰場陣亡將士忠骸，運至蘇州營葬，自已披麻執拂，行走在送葬行列之前，時人譽為「愛國老人」。

我父親和李公相識，是經同鄉高僧洞庭東山靈源寺方丈洪度上人之介。父親因我家經營的錢莊遭到一個惡夥的詐騙而倒閉，而這一惡夥竟利用北伐時倡言「打倒軍閥和土豪劣紳」的口號，而先行誣告我父親，此案後來雖獲勝訴，也促使他辭去地方上的事業和縣參議員、縣學務委員和水利研究會副主委等職，遠遊江南，執弟子禮於李公之門，立雪三年。

李公擬推薦父親至贛省某縣任縣長職，經父親固辭，因當時家庭負債甚重，父親認為做官須清廉從政。李公遂轉介父親至津浦鐵路管理局任職。當時路局待遇優厚，每月可得俸銀壹百幾十元大洋，我母親僅留用二十元，其餘均作還債之用。

抗戰爆發，京滬等地危急，李公將隨政府西遷，臨行，李公詢父親是否隨其同赴內地，父親因我們尚在年幼，需要照顧，決定返鄉。當時，他們曾有這樣一段對話：李公對父親說「石卿啊：你要回去照顧子女是應該的，此別不知何日再見，我要囑咐你一句話，你要為國珍重啊！」我父親當時敬謹回答「一定謹遵師訓」。

父親返回家鄉後，在日寇佔據臨澤時，就蓄鬚以示不出，設塾館以維生計。偽縣長王宜仲先生（父親任縣參議員時同事）巡視臨澤時，曾親來我家拜訪，並請父親出山相助，父親當即婉拒。父親在民國三十三年因抑鬱而病逝，李公在抗戰勝利後回到蘇州，民國五十四年（一九六五）逝世，他們沒有能夠再見面。父親在過世前曾把上述經過告訴我們。

我這次專程來到靈岩山前，恭敬的遙謁李公之墓，腦海裡浮現起從前家中牆壁上掛著的李公和章太炎先生合影的相片中的偉人身影，我默默地把父親遵守他囑咐的訓示，向李公稟告，完成了父親生前的心願。我恭恭敬敬地行了三鞠躬禮，然後緩步離開山崗。此刻，燦爛的陽光照遍大地，蔚藍的天空一碧如洗，我默禱李公和父親在天之靈安息。

先兄鳳來靈骨奉安五指山忠靈殿百字誄詞

（二〇一五年作）

故楊鳳來先生，江蘇高郵人，出身書香世家，民卅八年從軍來台。中興大學夜間部畢業。曾任裝甲部隊補給排長、軍醫院、署財務經理官，因公獲頒忠勤、景風等勳獎章，少校退伍。以特考財政金融考試及格轉任公務人員，於財政部參與集中支付制度之規劃及籌設，於台北支付處以簡任副處長退休。篤信基督，待人以誠，子孫均賢孝進取，景行足式。

走過那段坎坷歲月

——敬悼二哥鳳來逝世一週年

（二〇一六年作）

北方人常說，人生沒有過不去的坎兒，而我們走過的「坎」，是那麼的深，走得那麼的痛苦，而其遭遇又是那麼的慘痛！那段時日，真是難為您了，二哥。

民國三十六（一九四七）年的春天，抗戰剛勝利不久，全國還籠罩在一片歡欣鼓舞的氣氛中，您想創業，在郵城開一爿食品商店，以當時的環境評估，是可行的。母親也同意你的構想，賣了些田地供作資本，「泰康商店」開幕了。簡雅的布置，貨架上陳列的精緻糖果、餅乾、罐頭、食品。以蓄電池發電的彩色燈光，留聲機播放出的流行歌曲，那場面真夠風光，也確實吸引了眾多的顧客。第一天的生意竟好到很多商品售罄而缺貨。我當時在鎮江唸書，趕緊從上海補貨回來，那些日子，大家忙著暢銷品的補充和增添設備，加入炒貨如花生、栗子之類的新品上市。但這個場景像曇花一現，隨著局勢的轉變，幣制的變革，我們商品的銷售不但沒有盈餘，而且一直有大量虧損。

這要從那次貨幣變革說起，它引發了通澎，物價如脫韁野馬，天天在上升，我們商品出售後的錢，再去補貨就日漸變得補充不到以前的一半了。衹有再增加資金方能補齊。其實，這時候倘若我們把補回來的貨囤積一下，俟高峰價再出售，可能不至虧損那麼多。可是我們當時是抱著誠實不欺的商業道德在經營的，誰會想到商場的險惡？

這樣的經營方式，到下半年實在難為了，但您還是要支撐下去，那位投資我們商店的丁姓朋友，態度可變了，他中途竟要撤回資金，您沒有錢退給他，他就改以高利貸方式，每月要取得高額利息，這是多麼殘酷的事，還有房租，炒貨師傅的工資，也在每月提高，成了商店經營的沉重負擔。母親失望地帶著二位妹妹返回臨澤了，我想她一定非常失望難過，可她總是帶著安慰的語氣說：「商店如果不能撐住就不要勉強，家裡的田地可以和佃户們商量，轉讓給他們，看他們能出多少錢，就結束這個店吧」。泰康商店終於停止營業了。

可事情沒有那麼簡單，此時冒出一件官司，在北門外的某家同業，因嫉妒我們商店生意好，竟向上海「泰康餅乾罐頭食品公司」誣告，檢舉我們冒用他們的商標和以分支商店自居，泰康公司沒有派員來調查和瞭解，就一紙公文向高郵縣政府司法承審處，告我們冒用他們商標和分店名義，縣府司法處的法警，就利用這個案子，每天拿著傳票來我們家恐嚇、勒索，就這樣，每天要應付高利貸利息、結欠的房租、工資和勒索，可我們本可以償還的，這些費用的財源出了問題了。

先是，商店結束後的存貨和生財器俱，以當時的環境是沒有頂讓、招標、出售之類的機會，而是由一位「保長」承擔，他願買下全部存貨和生財、傢俱，除了殺價、折價外，還要求分期付款，由於我們急於脫手，竟與他達成交易，誰知他竟是個騙子，交付了頭期貨款，搬走貨物後，竟一再逃避不見。後來，他知道有人告我們，他就和那個法警串通，法警來勒索，由他支付些錢，就企圖把貨款用這種方式吞沒了，這就是善良人在亂世的遭遇！

再說家中的田地，由於臨澤和附近鄉下已全部由新四軍控管，佃户們所獲得解放後分田地的好處，誰會理那些地主呢？當然，也有幾位好心的佃户，他們很同情我們家的遭遇，也十分關心母親的病情，但在那個普遍貧窮的社會，誰能夠有更多錢來幫助別人呢！可母親的肺病已到了晚期了。她知道我們已沒有餘錢為她治病，也不想讓我們知道她已病重，我敬愛的母親就在缺醫、缺葯的情況下，眼睜睜地看著她離開我們。想到這裡，不禁心酸流淚了。

我是在母親過世的前一晚從縣訓所結業返回臨澤的，母親用微弱的氣力，勉勵我們要努力，她常說的一句話「爆灰也有發熱的一天」！她一直在為我們打氣。次晨，她就呈彌留狀態，您那時還在界首區公所工作，在當日上午奔回，母親在等到您後，才合上眼睛，眼角流出了淚水，她是捨不得離開我們的啊！

真是「禍不單行」！我又感染上時疫，母親的葬禮我抱憾沒有能親自參與。姊姊的可愛小女兒玲玲也被時疫感染，竟因此夭亡！好難過，好難過啊！

回頭再說商店結束後的債務問題，我曾把父親在兩江高等師範學堂畢業的獎品「涵芬樓古今文鈔」一百本，從臨澤攜來郵城，想變賣以作為償債之用，我真痛恨我當時的無能，那一百本書當時沒有拖車，也沒有提箱，是用一件大包袱布包著，背回郵城的，可能太重了，我在換肩時，不慎失落了一本，這等於把這件具有的價值被我砍掉了。其實依當時的時局環境，已沒有人願意購買藏書了。二哥，這是多麼的不幸啊！

記得那年（一九四八）年的夏天，您一早出門，大家遍尋不著，都在猜疑、發急，我心中知道，於是就走出北門外，在御碼頭搭船過運河到高郵湖邊，在湖河之間的草地上，您一個人在面向煙波浩渺的湖岸，望著藍天，您在思考如何解決當前的難題吧。我走向您的坐地，和您一起坐了片刻，我說「該解決的問題，還是和家人一起商量解決吧」，您沒有說什麼，我們一起回家。晚上，就把債務的事攤開來，這時，五姑母、大嫂、姊姊、她們都拿出所有的金飾、積蓄，算算可以抵償了部份債款。我獨自到那個保長家，嚴肅地向他追討貨款，我甚至用坐定他家，不還款不走的決心，要跟他一拼到底，這傢伙終於軟化，七折、八扣拿出貨款，總算償還了高利貸款，積欠的房租和炒貨師傅的工資。記得小呂師傅拿著錢時流出了淚水，他說，他知道我們的處境，如果他家經濟狀況好些，他就不想拿這筆錢，其實，這怎可以呢？

負債解決了，這時，蘇北局勢有了重大變化，您我、序進兄在郵城都參加了縣政府鄉政工作隊。但大哥的心臟病，如果到上海或南京的大醫院治療是可以痊癒的，可這需要很多錢，大哥不想再為他的病讓家人為此操心勞神，事實家裡已經羅掘俱盡，也沒有錢為大哥治病了。我們敬愛的大哥還強作歡顏說，他會好好照顧自己，會慢慢調養好的。一九四九年初，縣政府宣布要和國軍撤退到江南去，我們勢必隨縣府行動，這一突來的狀況，使大哥深受刺激，他的心臟突然惡化，遽而與世長辭，他才廿七歲啊！這是多麼的令人悲痛難過啊！二哥：

在我們隨縣府撤離郵城前，大嫂、您、我、序廷兄、姊和安妹，我們送大哥靈櫬到東門外一處墓地，暫時安葬。那天，天空彤雲密布，朔風哀號，我們懷著極度悲傷的心情，送大哥安然入土。心在流血啊，二哥，我們家這麼竟走到這步田地！

一九九七年，我們返鄉，您從臨澤獨自搭車到界首，然後轉車到淮安再到漣水，您找到孟姊——我們以前的大嫂家，以您那個年紀有這份勇氣去一個陌生的地方，您帶去一份禮物和金飾，我知道您是向大嫂當年的資助之情，表達感謝吧？我是支持您這樣做的。

回顧這場悲慘遭遇，是因開辦商店錯了嗎？應當承認有些事是做錯了，我們太誠實、太善良、太單純，也太不夠精明了。但如果不是處在那個戰亂年代，沒有那個可怕的通澎局勢，也許不致發生這麼慘的後果。換一個角度，假如是在台灣經濟起飛的年代，或是在大陸改革開放後經濟突飛猛進的時候，以我們的真誠，我們的善良，以我們年青肯拼和刻苦努力，也許可能早已致富了，二哥，是吧？

這些話，是我們一直埋藏在心裡的話，您不願提起，我也不想揭開這段創痛。二哥，我們總算走過那段坎坷歲月，在爾後的大風大浪中，我們沒有被擊倒，在艱難困苦中，我們挺過。感謝上蒼的恩賜，我們都已完成了學業和志業，從工作崗位上順利退休。如今，您的兒孫們都能賢孝進取，各有成就，我和妻女也平安地生活著。回首前塵，彷佛如夢。二哥，願您在天國安息。

勤勞一生的母親

原載拙著八十回顧

母親姓金諱月英，江蘇興化人，生於清光緒廿九年（一九〇三），他在家居長。我五歲時，母親曾帶著二哥和我回到外祖家，我的外祖住在興化東門塔橋口，是一位小本生意商人。那時我見到外婆還有四舅、五舅和姨母，他們對母親十分尊敬。母親十九歲時就嫁來吾家，當時是父親的側室，因我有一位程氏母親，她不能生育，祖父母七十多歲望孫心切，所以命父親再娶吾母，母親生我兄弟三人，姊妹三人。我的程氏母親大約在我三歲時就已去世，她對我們非常愛護，我彷彿記得她曾攜帶過我坐船，到過茶庵、或另一個寺廟，以及她過世後我們為她守孝拜祭的情景，其他已毫無印象。

母親來到吾家時，年紀雖輕，但已負起操持家務的重擔。她要上事公婆，伺候大母，還有寡居的五姑，二姑母去世後留下的兩位女兒也在我家，再加上要照顧幼小的兒女，其辛勞可以想見。當時家中雖有幫傭，母親通常都會和傭人在一起操作，她這種勤勞竟成為她的習性，以後的日子一直如此。她曾在無意間會流露出對宿命的嘆息。

她早年曾讀過書，有時會吟念些她喜愛的千家詩的詩句，如我常聽到的「等閒識得春風面，萬紫千紅總是春」或「莫待上林花似錦，出門都是看花人」等一些對青春嚮往的詩句。但家務操勞，使她無法看書習字。提到倡導天足運動，她非常滿意，這使她沒有受到纏足之苦。

在我程氏母親過世後，母親和我們子女為她守了三年孝，滿孝後，母親有曾向父親請求「扶正」之說，為此好像有過爭執。我猜測父親可能不主張作形式上的張揚，這正是父親一貫的低調作風。這件事像船過水無痕，他們從未在我們面前提起過，此事我只有點模糊印象。其實我母的個性是有一點心高氣傲、不甘人下，性格也很剛強，對我們做錯事就會疾言怒斥，也常因言語頂撞別人，但她心地十分純良。我五姑母常指其為「刀子嘴，豆腐心」，和舅形容的更妙，說她是「柏鑑菩薩，面惡心慈」，這些都是我母剛直的一面，她平日和人相處是很慈祥和藹的。

有件事，我必須替母親說出，那就是她對於她所處的地位是有點不滿，她可能曾遭受到某些對她輕視的眼光或言語，以我母的性格她是不甘的。記得在我小時候，有次外祖母來到我家，母親竟要她儘速回去，這也可能是對外祖母有些怨懟吧？但母女之情畢竟天高地厚，她有時想到外祖母又會難過得流淚，正如她對父親的敬愛從無怨尤，這可能就是她心中的無奈。

母親對父親真是十分敬愛，家中經濟即使非常拮据，她也從未為此事向父親抱怨過，相反地，她總會想方設法在飲食上盡量滿足父親的喜愛。抗戰時期，我們住在鄉間生活較苦，但每逢周末，母親總會做些好菜讓父親品嚐。母親的廚藝也算得上很精，她做的紅燒獅子頭、紅燒鯿魚、煎魚餅、三圓燴參、冰糖蹄膀以及一些湯品，都為父親喜愛，也滿足了我們口腹之慾。

我在「懷念父親」一文中，曾提到我們家的錢莊曾遭到一個惡人的詐騙，他不僅害得錢莊破產，甚至遭到他的誣告，為了打官司和清償錢莊虧損，我們家曾向別人借貸並把祖產的幾十畝田地抵押給別人，因此父親在津浦路局雖有一份優厚的薪俸，每月大約有一百幾十元大洋匯回，但母親僅能留二十元作家用，其他均作為還債之用。儘管家中經濟十分困窘，但母親仍堅持吾家三件公益傳統，其一、保持巷內的一盞路燈，從傍晚到天明以供行人照明。其二、炮製燙傷中藥，這是我家祖傳的燙傷秘方，每年炮製，免費供燙傷人取用（可惜此項祕方今已失傳）。其三、每日煮飯預留供貧窮乞食者之熱飯。抗戰前一年，家中的債務已清償差不多了，經濟上稍有寬裕，此時家務事也較輕，母親才有空外出和她幾位年紀相近的友人閒話家常，記得母親常帶我去小表姊葉家或住在左家大門的一位江西阿姨家，她們有時會在一起盤桓一個下午或晚上，我回想起來，這段日子可能是我母一生中最愉快的時光。

由於家中的經濟狀況好轉，父親有意讓我們全家遷居南京，這樣他每天可上下班，享受居家之樂。母親為此也高興萬分，她為了我們將到大城市去，特別訂製了新衣，也為我買了小西服和中山裝。民國廿六年（一九三七）日寇侵華戰爭爆發，我們的希望也告破滅！父親自南京返家後也失去了優厚的薪俸，家中再度過起艱苦的日子，日寇的侵略，使我們家受到影響！

民國三十一年（一九四二）在興化的五舅結婚，特邀母親返興化娘家，父親鼓勵母親前往，當時，我看到母親穿著旗袍，帶著耳環首飾，配上她的白皙膚色，看起來雍容大方，一改平日操勞粗俗的模樣。母親帶著安妹回興化，看到外祖和舅氏們的家業興旺情形，異常高興。她回家向父親陳述這些情形時，並告訴父親，我大哥也特從泰州到興化參加五舅的婚禮，她語帶興奮的說，大哥在外祖家一直叫母親為「媽媽」，可母親說，大哥叫得不自然。她是多麼的高興啊！我們回想起來，又是多麼的遲鈍和笨拙啊！我們本應該從那時起，和二妹一樣稱呼她為媽媽，這是天經地義的事，可是我們心目中叫的「姨」就是「媽媽」，一時竟改不了口，敬愛的母親，我們真是太對不起您了。

民國三十三年（一九四四）春，父親命大哥返家，因五姑母的介紹，大哥和孟慶瑜女士結識，家中為他們舉行了文定，本擬在是年秋為他們舉行婚禮，母親也為此高興一陣子，不料父親在夏初因抑鬱致病，又為庸醫所誤而不起，母親遭受的打擊，實在非常巨大，但她不能只有哭泣，她還要撐起家中很多事情，而大哥的婚事也因要守孝三年而延宕了，母親作婆婆的喜悅也被延誤了。

抗戰勝利後，我因郵城緯業錢莊歇業返家，當時家鄉已由新四軍控管，一天，三里港的佃户要求母親下鄉，經過一整天未回，我焦急地站在後河大橋邊徘徊走動，天已昏黑，聽到母親叫我「孩子」，我見到母親疲憊的倦容，就牽著她的手回家，她什麼也沒有說，只關心我們吃過晚飯沒有？據說，他們原想鬥爭她，第一個上台的孫三媽，年輕寡居以為她會向吾母大吐苦水控訴吾母，不料她第一句話是「楊四奶奶是一個好人，她對我們很好！」這台戲就唱不下去了。事實上，母親對佃戶們向來很好，他們來我家，母親一定請他們喝茶吃點心，要我們買插酥燒餅給他們。父親下葬後，墳塋的地基情商佃户們幫忙，都是由他們自願的，母親也為他們的出力做了很多好菜慰勞。況且我們家從來沒有剝削過他們，有鬥爭的必要嗎？我們家的田地，原為借貸抵押別人多年，贖回來後，此時的田租要看他們的施捨，家中的經濟十分艱難。有一次我的生日，母親是用勞力勒了一雙鞋底換取來的工資，要我去餛飩店買一碗餛飩回來吃。二〇〇〇年我生日那天，在台北國民黨中央黨部前和一群熱情群眾要那個「吃裡扒外」的傢伙下台，中午走到附近的桃源街叫了一碗餛飩，我一面吃著，竟想起當年這件事，一時哽咽在喉，流下淚水，為了免除尷尬，我裝著因胡椒粉太多而吃不下，付帳而去。

民國三十六年（一九四七），大哥和孟姐結婚，母親自很欣慰。家中也賣了一部分田地，由二哥在鄄城開了一爿食品商店，生意非常的好，但生意越好，賠本越多，結果因通貨膨脹而虧損歇業（事見第參章艱難歲月），母親心裡更為難過，她帶著兩位妹妹回到臨澤故居，此時她的身體狀況越來越差，她仍強打起精神說沒有病痛，其實她已罹患了肺癆，家鄉又缺醫少藥，致病情一天天惡化。

三十七年（一九四八）我在縣訓所受訓結業的次日，我們地政組同學本擬餐敘，可能是心電感應吧，我急於要返鄉看望吾母，我到家時，母親已言語艱難，她吃力的敲著身旁的碗盤叫我，我叫了一聲「媽媽」，看到她消瘦的樣子一時難過的想哭，但我強忍悲痛告訴母親，我就要到縣政府做事了，母親臉龐上有了一絲笑容，她吃力的在我身旁勉勵我說：「你要爭氣啊」！「要上進啊」！我和母親只相聚了一晚，次日晨（農曆四月廿四日），母親就呈彌留狀態，那時二哥尚在界首，他趕回母親身邊，她才閉上眼睛離開我們，得年僅四十七歲。我看見母親眼角上流出的淚珠，她一定捨不得離棄我們，我真是心如刀割，這是我一生中最大悲痛！

我敬愛的母親一生勤勞，一世辛苦，但我不認為這是她的宿命，她是戰亂時代的犧牲者，她所背負的苦難，顯現出她在那個時代呈現出的堅強、勇敢、刻苦和勤勞的偉大女性形象。

永懷先長兄

原載拙著八十回顧

大哥鳳翔字筱石，民國十一年（一九二二）生，他是祖父母企盼已久的長孫，自然得到祖父的鍾愛。他在進入小學前，父親送他到鎮上碩學懋德的顏公志鴻先生處啓蒙受教，和他同窗的有王宇清先生等，大哥是當時最年幼的學生。他上臨澤小學時，祖父在放學前，就會倚窗等待，俟放學後他們祖孫攜手返家。家中因祖父年長，每餐都要為他特別做些好菜，大哥是唯一獲得與祖父同席共餐的人。他們祖孫情深，大哥在成長後，提及祖父就會默默思念。

大哥自臨小畢業後，因父親當時供職津浦路局，所以就到南京中學就讀，南中是當年中國童子軍建團最早的中學之一，編制為中國童軍第十二團，曾參加國府定都南京後第一居全國童軍大露營，大哥暑假返家，穿著全副童軍裝備，使鎮上的鄉親們羨慕不已。南中為江蘇省立學校，後遷鎮江，改稱鎮江中學。抗戰爆發，鎮中校舍遭日寇飛機炸毀。父親命大哥前往上海，在租界內讀完高中。

在上海讀書時期，曾在臨澤任區長的何霖春氏的夫人和女兒也居住在上海租界內，大哥常至其住處盤桓，與何小姐意氣相投，何小姐高中畢業後赴內地報考大學，曾希望大哥與其同行，由於家中經濟艱難，學費、旅費籌措不易，大哥亦不願讓家人為此大費周章，因此乃於民三十年（一九四一）返鄉。在路經鎮江時，特至鎮中舊址憑弔行禮，其對母校之愛，竟如此之深。

大哥返回臨澤後，家鄉仍在敵偽統治之下，父親一度命大哥協助他教書，但此事終非長久之計，不久就赴泰州，在何霖春先生處謀得一文牘職，暫作枝棲。三十三年（一九四四）父親命大哥返鄉，由五姑母之介紹，與孟慶瑜女士相識，繼而由父親主持文定，本擬在是年秋季舉行婚禮，不料父親在夏間因病不起，大哥在家為父親料理喪事，頗為盡心。因父孝在身，不能和孟女士完婚，大哥乃赴滬在新聞界工作，抗戰勝利後，承同鄉先進馮憲成先生之介，入善後救濟總署所屬救濟機構任職。此時復旦大學亦在滬復校，大哥報考經濟系幸獲錄取，但學費一時不易籌措，乃未註冊，為此事大哥終生引以為憾。

善後救濟總署的下屬機構位於楊樹浦區，我初到上海時曾住在那裡，後來大哥安排我住進閘北區公所宿舍內。不久二哥也來上海，大哥當時雖是一位小職員，但仍負擔我們兩人的食宿零用，實在難為了他。此外大哥每週都會帶我們去郵政總局的餐廳吃飯，那裡的客飯菜餚非常精美，有時也會到冠生園吃西餐。那時京劇名伶童芷苓在上海皇后戲院上演「劈、紡」，轟動滬上，大哥也曾帶我們前往觀賞，他的意思是盡量讓我們見識些大都市的文化面貌。

民三十五年（一九四六）我考取鎮江中學進修班，大哥為我高興，也為我準備了行李和日常用品，並給零用金讓我去鎮江念書，思念及此，讓我感念不已！

大哥天性友愛，他除了對我們兄弟友好，對同鄉師友和親戚也非常熱情。抗戰前，他在外地求學，假期返鄉，一定會去同學好友處，如車彤聲先生，天生殘障，他們曾在小學同班，大哥總會去看望他，母親也常為大哥的同學來家聚晤備辦飯菜。與化五舅結婚，大哥特從泰州前往參加，讓母親十分高興。我在上海時，他曾帶我去見堂哥鳳池，也去見過大表姊丈的二弟龔二先生等，他是一位很重情誼的性情中人。

大哥對工作亦極具熱忱，他在上海救濟機構工作時，適四行孤軍由海外返國，所謂「四行孤軍」就是抗戰初期死守上海四行倉庫的國軍弟兄，也是歌曲和電影裡所歌頌的八百壯士。他們後來退入租界，上海全面淪陷後，儘管這些國軍弟兄已非武裝軍人，但日寇仍把他們當作俘虜，驅使至南洋為日軍做苦工。抗戰勝利後，為數不多的倖存者，被接返上海，當時大哥服務的救濟單位卻負起協助安置的工作。大哥發揮了他的工作熱忱，極力為孤軍爭取救濟物資，為他們每人準備了被服和日常生活用品，並發給麵粉、罐頭等生活所需，為此他夜以繼日，費盡心力。

大哥在政治上沒有參加任何黨派，戰後他反對內戰。他認為中國雖躋身世界五強之列，但實質上並不是強國，他主張通過各方合作儘速恢復經濟秩序，然後發展教育，加強建設，以厚植國力。這篇文章曾為「申時社」主稿，由滬上一家雜誌登載，惜人微言輕，不受重視。大哥曾把雜誌文章郵寄鎮江給我，惜今已散失。

民三十六年（一九四七），大哥返回郵城，在母親的主婚下，和孟姐結婚，他們婚後在郵城賃屋居住，生活十分美滿。那時二哥創辦的食品商店開張後，生意非常興旺，大嫂每天都會做些可口的飯菜送到店裡。母親這時也住在熙和巷的姊家，不時到店裡看望。這樣的好景竟很短暫，商店在年底終因通膨虧損以至歇業，母親失望地回到臨澤，我輟學進入縣訓所受訓，大哥嫂都曾來所看望過我。母親病重後，他們返鄉照顧母親，民三十七年（一九四八）四月母親病逝，安葬母親後，哥嫂和姊帶著二位妹妹回到郵城。不久大哥經醫檢查，發現心臟僧帽瓣有問題，當時郵城醫療設備不足，大哥也以為自己小心調養即可，是年底，蘇北局勢緊張，縣府要準備南遷，我們要隨縣府行動，大哥受此刺激，病情突告惡化，不幸於民三十八年（一九四九）初遽而逝世，得年僅廿七歲，實在令我們悲傷心酸！

大哥過世後，匆匆地把他暫厝在城外，我和二哥、序廷兄隨縣府撤至江南，然後又至台灣。兩岸通航後，我和二哥得與姊及二位妹妹重逢，知道姊和大嫂曾把大哥歸葬於父母之側，心中稍安。但現在父母和大哥的墓已不存，我們只好立碑以誌紀念。大哥沒有留子下子嗣，孟姐也已改嫁，我們還鄉後，二哥曾往孟姊處看望，對於她的決定，我和二哥都認為應予諒解。

大哥自幼就是一位很有才氣的人，國學基礎深厚，學識涉獵廣博，我早年在家時受到他的啓迪，他教過我英語、史地，也曾以胡適先生的話「為學當如金字塔，既要博大又要高」勉勵我。他的另一優點，就是愛整潔，他的書桌書櫃永遠整理得整整齊齊，排列有序，讀過的書，完整如新，使我們深為佩服。大哥英年早逝，是我們家的不幸。他遭逢那個戰亂的年代，加上我們家當時的經濟情況非常困窘，這些讓大哥的才華受到限制，無從發展。他的心臟疾病，在今天是絕對可以醫治得好，但當時醫藥欠缺，竟不能挽救他的生命，實在令我們痛惜。敬愛的大哥，我們永遠懷念您！

韋世伯鶴琴先生印象記

原載《鶴影琴音》紀念集

我們兄弟論識韋世伯，是在我們少年時，那時正值抗日戰爭時期，先父石卿公因戰亂，自南京返鄉，在地處戰火邊緣的小鎮上，仍享有一夕的寧靜。就在這局勢稍安的那幾年裏，他們同輩的幾位詩文好友，因而得以常相過從，相聚談敘。記得當時常會面的長輩，除韋世伯外尚有車紹伯先生（工古文）、鄭穀樓先生（善長繪畫）、賈筱齋先生、湯聘之先生等幾位。

在先父交往的長輩中，韋世伯給予我們的印象最為深刻。他身材頎長，容貌清癯，平日慣穿一襲灰色長袍，氣候稍涼時，偶加一件黑色緞質團花布扣的背心，眼神深沉，語音低亢有力，行步穩健踏實，望之有股凜然之氣。他和先父在學業與事業上有幾點契合之處，其一，他們早年都曾畢業于南京兩江師範學堂。記得江蘇省立崔堡鄉師遷校於臨澤時，當時校長法度先生即以兩江師範學堂的校友來訪，相約敘舊。其二，先父於一九一五年任縣學務委員，是年，與高承第先生聯名建議將鎮設「麗澤初等小學」，改制為「縣立第二高等小學」，而韋世伯也曾出任二小校長，他們對桑梓教育都曾貢獻過心力。其三，韋世伯以書法名世，先父晚年亦常作「石門頌」隸書，但也因求字者眾，當年鄉人尚無致送「潤筆」的觀念，每見寒冬呵筆書寫，炎夏流汗揮毫，雖無潤酬但仍然一絲不苟的力作，那種犧牲敬業克己為人的精神，令人緬懷不已。

記憶中，當時幾位長輩在一起最愉悅的事，大概莫過於詩文的唱和，每有佳作，大家必傳頌一番，吟哦不已。可惜當年先父的詩文稿與唱和之作，都已散失，也無從搜求。尚有一件印象深刻的事，是有一年主持育嬰堂的湯世伯，在農曆新年親自撰寫了一副大門對聯，上聯是「孔作禮運」，下聯是「湯之盤銘」，猶記得韋世伯在我們家讚賞笑談的神情，這副對聯除對仗頗工外，其涵義又貼切實情。上聯正好說明育嬰堂撫孤恤幼的事業，下聯則以日新又新之訓自勵，主持人姓氏又巧嵌在聯上，自然受到激賞。多年來此事猶存腦際，也可見前輩們當時的雅尚。

前年（一九九〇年），我們為紀念「臨小」建校八十周年，由家兄鳳來公餘主編了一份以關愛鄉土、崇敬先賢、傳承歷史為主旨的季刊，刊名即以韋世伯祖父伯森公所著《菱川竹枝詞》之「菱川」二字定名為「菱川鄉訊」，迄今已陸續編行十期，其間為搜集編輯用素材，對先賢史跡、文墨涉獵甚豐；伯森公所著《秦郵竹枝詞》原跡本與《菱川竹枝詞》手抄片段，及其生平事略則專載於鄉訊第四期。韋世伯精研書法，署名《潛道人節臨碑帖十種》亦節輯於《鄉訊》第五期，俾對先人志節情操有更深的體認。

韋世伯是在一九四三年五月謝世，先父曾親撰「陳蔡之間厄吾輩，車湯以後哭先生」輓聯，命我送至韋府，因他們處於敵偽時期的抑鬱心情，以及前一年有車世伯的病故，他為老友們的相繼逝世頗為感傷，次年五月亦與世長辭。當時，他們的行年也都在五十、六十多歲，很多文章志業都未能盡全功，這多少與他們當時所處的艱困歲月有關。值茲韋世伯逝世五十周年紀念，緬懷先輩情誼，謹臚述印象中的幾件小事，用誌紀念。

一九九三年五月於臺灣

王　城先生事略

一九九四年王公治喪會委撰

王公諱城字秀魁，江蘇高郵人，民國三年農曆六月十二日生。世居本邑湖西東化鄉，少孤，受母楊太孺人鞠育，從名師研讀經史國學，並以勤樸自勵。及長，以湖西水鄉富魚介之利，乃從事水產漁撈事業，慘淡經營、略具規模，並受鄉里敬重。民國三十五年春，先生為鄉民推舉出任高郵縣東化鄉鄉長，時方抗戰結束不久，百廢待舉，先生初掌鄉政，一方面積極協助政府進行復員工作，一方面從事各項建設，公忠為國，極為辛勞。

民國三十八年春，因世局動盪，先生隻身走京滬，不久又隨軍經舟山，輾轉至澎湖小住。先生在澎，一度充任地方基層公職，因志在創業，即耑赴台北。先生抵北後，即投入報業行列，當時各報均為來台草創時期，國民經濟亦尚在微弱階段，讀報人口比例不高，派報作業亟需開拓精神。先生初在聯合報前身之民族報工作，經由三報合組之聯合版迄聯合報，負責派報營運，每日黎明即起，全年除春節數日假期外，從無休止，風雨無間，誠所謂夙夜匪懈，辛勞備至，今日聯合報之發行已為全國第一大報，先生多年來參與之功，亦與有榮焉。

先生平日生活簡樸，惟對同鄉晚輩之照拂，則愛護有加。以先生在台成家較早，約在民國四十年前後，鄆籍來台青年大多尚在軍中或在社會基層工作，鮮有成家者。每逢假日，均視先生宅為家，相約聚會，或因公來北亦以此暫作居停，先生不以為擾，且樂與交談，語多勗勉。其夫人則親自料理飲饌，視若家人子弟，三、四十年於茲，經常如此。及後彼等大多成家立業，各有所成，惟仍尊先生如家長，先生亦以諸人之成就引以為慰。嘗語人云：「看到同鄉子弟奮發有為，是余衷心最大安慰」。其待人大抵如此。

先生為發揮同鄉互助共濟精神，多年來為積極推動台北市高郵同鄉會會務之發展，出錢出力，默默奉獻。其贊助成立自強互助會，多年來在連絡鄉誼發揮互助友愛方面，貢獻甚多。此一精神亦擴及於彼岸，年前蘇北水患，先生除號召捐助救濟外，並以自強互助會捐助巨資救災，充分表現了對原鄉的關懷，亦體現先生民胞物與的仁心。

先生有子三人、長子國柱，次子國棟均已婚，生孫男女七人，均在大陸，在台與王金枝女士結褵，有女筱婷，婿嚴尚文，外孫嚴偉哲，均賢孝善體親意。去歲國柱君等曾來台省親、子女團敘，先生甚為快慰。方期頤養有日，以待闔家相聚，不意本年五月六日凌晨，因心肌梗塞症，經送醫急救罔效，遽於民國八十三年五月九日上午五時三十分逝於台北市宏恩醫院，享年八十有一歲。

嗟夫，老成殂謝，風範長存，謹述其生平大略，藉誌悼念。

從風景郵戳話寶島風光紀念冊序

序廷兄離開我們已經一年了。為了紀念他逝世一周年，我們決定把他生前愛好集郵編著的一部分珍品，以影印整理成冊，以供序廷兄生前至交和親友們懷念和鑑賞。

序廷兄為中國集郵協會永久會員，曾擔任該協會第十九、二十屆理事兼公關組長，第三十五屆理事，熱心會務，精研郵學，素為集郵界所重。這本「從風景郵戳話寶島風光」，是序廷兄在民國五十年迄至六十九年間所蒐集及親手編撰的作品，曾參加六十九年全國自強郵展獲選佳作獎，並發表於「郵壇月刊」自第六十八期迄至一六〇期，連載歷四年又八個月之久，我們在展讀之餘，可以看出序廷兄在這本冊子上投注的心思。其內容具有以下幾個特點：第一、這是集郵郵品中的一種創作，當時郵界以風景郵戳作為蒐集對象者尚不多見，參展並以著作發表者更付闕如，開郵票、郵戳、首日封、郵簡等郵品以外另闢蹊徑的一種雅集。很受當時郵界的重視和評價。第二、對風景郵戳所在地的風光勝蹟，除就地理位置、人文狀況及風景特色等簡要介紹外，有關史實也作了考證或敘述。第三、配合郵戳所選景物，蒐集實景照片加以對照，可供瞭解風光佳勝之處，有如臨實地觀光之感。咸認他的這本遺作，彌足珍貴。

我們仍清晰記得，序廷兄生前曾為考證淡水紅毛城歷史時的情景和往事，當時紅毛城還沒有開放，他多次往返北淡道上，就教於英領事館管理人員及有關人士，並情商拍攝背景照片，想到當時他的專注精神，益增我們無限的懷念。

這本紀念冊，除在集郵作品上具有價值外，對倡導國民旅遊與觀光事業的推動亦有貢獻，謹以為序。

楊國生　謹識

民國七十七年十一月十日

回憶在臨小時的二三事

原載臨小建校一百周年紀念冊

我是一九三六年進入臨小的，當時學校在安樂寺的西側，校門面向追霸巷，進門走道旁栽種著碧綠的冬青樹，這是我對學校的第一印象。

我們一年級的級任導師是韋九經先生，他很和藹，會說故事，很受同學歡迎。我升二年級時，抗日戰爭已經爆發，校裡加人很多從江南逃難到臨澤的同學，我們雖然還不了解什麼是戰爭，但那種氣氛已經感受得到。有一次學校舉辦全校圖畫比賽，記得我當時畫了一架飛機，並在紙上寫了「航空救國」四字，我之所以寫這四字，是因為在街頭看到賣氫氣球的，氣球上都印有這些字樣，因此想到抗日需要飛機。

比賽結果，我竟得了低年級組的第一名，在晨會上，我從葉校長手中接過一份獎品——一本筆記本、一支鉛筆，這份鼓勵，竟使我對繪畫有了興趣。

另一次，是在春天，老師帶我們全班去遠足，目的地是臨澤西郊的「韓家祠堂」，我們在午飯後出發，走過后河大橋，沿著子嬰河岸走，不久就看到一座石牌坊，再走進去就到達目的地了。老師安排我們自由活動，同學們玩起游戲。我們捉迷藏、吃著糖果糕餅，一下午非常高興。歸途，斜陽照在安樂寺屋脊的黃色琉璃瓦上，金光閃耀，河岸上的垂柳也染上一片金色，麥田塍上開著紫色的蠶豆花，覺得家鄉的景色好美，這幅圖像一直映入在我的腦海裡。

上三年級時，級任導師是張世度先生，他是金陵大學畢業來校執教。那時局勢已經十分緊張，鎮上有時拉起空襲警報。一天，老師課後在黑板上寫了「最後一課」四字，並對同學們說：「日本鬼子快要打來了，學校要遷到鄉下去，你們低年級同學就在家裡學習罷，今天就是最後一課！」張先生講話的語調很低沉，但同學們當時還不太懂事，覺得不用到校上課也不錯，就這樣，我離別了臨小母校。日後，我在讀到都德的「最後一課」時，感觸就特別深刻。

時光匆匆，離開臨小已經七十多個年頭了，母校情景仍常繫我心。

詩詞部分

松風吟草

弁言

余喜愛詩詞，但甚少創作。在淡江大學讀書時，因偶譯雨果（Victar Hugo）詩為中文五言絕句，謬蒙管教授亞公師贊賞，並鼓勵寫詩，奈因工作繁忙，無心行吟造句。軍旅退伍後，始偶有新作。蓋初寫詩似容易，正如「紅樓夢」小說中賈寶玉所言「押韻就好」，惟祇能稱之為俚語順口溜而已。論詩求工實難，如聯句之對仗工允，聲韻之平仄協調，造句之雋雅用典及意境或寓意之營造生動，談何容易？唐詩人賈島有「二句三年得」之嘆，余四十餘年間僅得詩二十首，何敢言詩？祇在以平實之言述志抒感云耳。

前年，因整理舊匣，發現散存之詩文稿，乃啓興續作，藉抒感慨。茲先行依作品時序輯為吟草一卷，佐以相關相片，以供自遣，尚請方家賜正。

松風之名，係依先君所著「松柏廬吟草」之名而衍生，今此卷已因戰亂散失，其中五古一首，係酬答韋公鶴琴之作，韋公哲嗣壽春兄生前返鄉時，於其令尊遺作中發現先君詩作，影印送余，此詩係處於敵偽統治時期感慨之作也，謹複製於卷首，以誌紀念。

國生　敬謹附誌丁酉九月

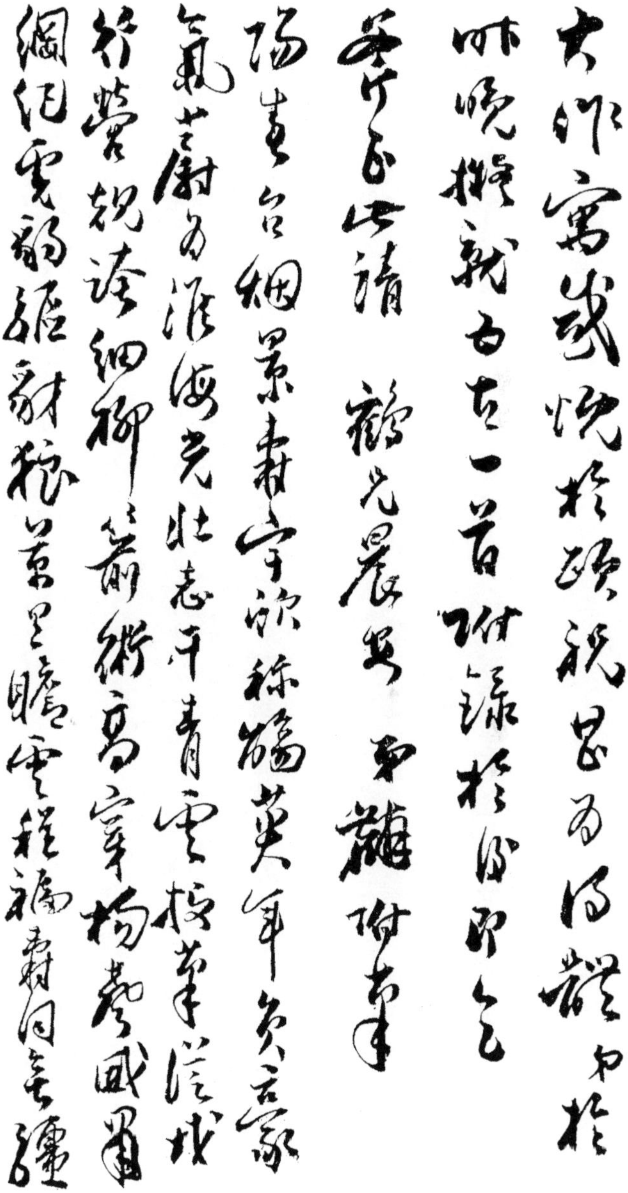

先君詩作

先君詩作及簡介

前頁影印詩作，係先君酬答好友韋公鶴琴之作，時間約在民國三十二年（一九四三）間，詩前有箋引：「大作寓感慨於頌祝，甚為得體。弟於昨晚擬就五古一首，附錄於後，即乞斧正」。詩云：

陽春召煙景，壽宇欣稱觴，英年負豪氣，蔚為淮海光，壯志干青雲，投筆從戎行，營規誇細柳（註），箭術高穿楊（註），聲威肅綱紀，虎豹驅豺狼，萬里瞻雲程，福壽同無疆。

淺釋：

上述詩係在敵（日寇）偽統治家鄉期間所作，故詩以祝頌之句起頭與結尾，以掩蓋憤慨之氣，藉抒心中之無奈。並凝想江淮間能出現一年青英豪，以軍紀嚴明之師，如虎豹勇猛之勁旅，掃盡殘害人民之敵偽（豺狼）統治者，吐心中之塊壘。

註：

細柳：漢文帝時，將軍周亞夫之細柳營，以軍紀嚴肅著稱。

穿楊：古代射箭以「百步穿楊」為武藝最高標的，此處意指戰技精良。

松風吟草

目次

亞公師(右一)出任大使赴任前，與同學餐敘(左一為作者)

與姊、三妹、曄甥在香港皇后大道街頭

於韓國漢城景福宮前，背景為光化門

離英赴法與駐英代表處，教育部駐英文化組送行人員在倫敦滑鐵盧車站前

於穿越英倫海峽「歐洲之星」號列車前

偕妻女與二哥（左一）、嫂（右一）、甥媳丁蕾（後）謁中山陵後合影

於廈門雲頂岩，背景為大、二膽島

作者偕妻暨妻妹烏來飲茶

China Cultural Heritage
杨石卿故居
Yang Shiqing House
杨石卿(1883-1944年),字天麟,号髯翁。他出生书香门第,南京两江师范学堂(东南
大学前身)优等生毕业。他热心公益事业,被选为高邮县学务委员、县水利研究会副主
任委员。1915年力推将临泽酮泽初等小学堂扩展升格为高邮县第二高等小学。抗战期
间为临泽小学撰写校歌,以"勤实"二字为校训勉励学生。在任临泽镇商会会长期间,
创设汇丰钱庄。完善镇慈善机构"一文愿"冬季施粥制度,方便穷苦百姓。
高邮市临泽镇人民政府
Yangshi Qing (1883-1944), the word Chamberlain, No. beard Weng. He was born in scholarly family,
Nanjing Liangjiang Normal School (Southeast University) cum laude graduate. He is enthusiastic about public
welfare, was elected Gaoyou County School Fellows, deputy director of the county water study committee.
915 Advent Ze Lize pushing lower primary schools extended upgraded to Gaoyou County second higher
primary school. During the war of Linze elementary school song written, "Qin real" word as the motto
encouraged the students. Linze Town Chamber of Commerce president in the period, the creation of HSBC
Bank. Perfect town charity, "a text is willing to" winter soup kitchens system, convenient poor people.
Gaoyou city Linze Town People's Government

臨澤故居門前牆壁上之牌示

於臨澤楊家巷故居小樓前

與二妹遊蘇州拙政園

女兒陪同於礁溪晶泉豐旅休閒散步

春遊即景（一九六八）

戊申春，與淡江法文系同窗十有四人隨管師同遊鷺鷥潭，即景感賦，耑呈老師郢正。

嫣紅姹紫競芳菲，潤綠「郊」光接翠微，
不見水田飛白鷺，偶聞空谷有啼鵑，
「漣漪」野漲潭清澈，「春風駘蕩」意自閒，
輕舸疑過三峽險，浮雲舒捲鳥聲喧。

附記：此詩為余第一次之試作也，詩中「郊」字原作為春，「漣漪」原作為春水，「春風駘蕩」原作為春風拂蕩，一詩之中有三個春字，蒙管師郢正，此三春之暉，受益匪淺。

奉和亞公師出使非洲留別諸生韻（一九六九）

師生情意真，傳道啓迪新，感時同杜瘦，同遊若點親（註），
三載霑化雨，春風沐吾身，鵬飛搏萬里，宇內瞻雲程。

註：杜指杜甫，點指曾哲，論語：暮春日皙與學生浴乎沂，風乎舞雩詠而歸，夫子嘆曰吾與點也。

附：于役非洲留別諸生原韻

款洽見情真，成均歲月新，
弦歌原不忝，遊息亦相親，
薪火三年意，浮沉百感身，
雲天雙萬里，魚雁莫辭頻。

卜算子 寄情（一九七三）

名花相見歡，兩情常相投，乍起寒風吹皺水，無端起風波。
吐氣若芝蘭，深情如熱火，無奈好事多折磨，鴻飛入蒼冥。

五十生日自勉（一九八〇）

行年忽半百，浮沉仍一身，
公門開新局，努力趕前程。

與姊、三妹、曄鍚，香港相逢（一九八八）

多年傷離別，香江喜相逢，乍見無從語，淚痕濕衣裳，
品嚐故鄉味，竟夜話滄桑，明日又分袂，珍重保安康。

重遊金門（一九八九）

民國七十八年十月，余以退役軍人身份，受國防部邀遊金門三日感賦

遍野林木綠蔭濃，樹叢遮隱美人峰（註），
農家耕作和風下，行旅往來笑談中，
莒光樓前陳舊武，太湖水上任凫浮，

金酒行銷海內外，兩岸停火樂繁榮。

註：一九五四年余初履金門，見羣山光禿，黃沙遍地，中央公路上呈現二隆起小丘，號雙乳峯，當年植樹，今綠蔭覆蓋，已不見雙峯矣。

臨江仙 漢城懷古（一九九〇）

太極圖騰曾相識，遼東帽象堅貞，箕子故事已成塵，高麗少年樂，阿里郎舞春。　漢家文物今猶在，人事景物全改，故國金劍久沉埋，甲午傷心事，冷月照瀛台。

過馬關吊國恥談判地（一九九〇）

一九九〇年，余率公務人員旅遊日、韓，過馬關春帆樓感賦。

扶桑秋雨歇還晴，春帆殘照顯悽清，
嘆息宰相傷國步，從來狼子嗜血腥，

關河冷落西風緊，瀨海揚波傷客心，
總期邦國臻強盛，湔血前恥在當今。

海牙飯店飲茶有感（一九九四）

Hotel Kor House 為荷蘭古老豪華飯店，據公關經理介紹，大清欽差大臣李鴻章曾在此下榻，並引以為榮。

西行萬里為取經，謹言慎謀任此行，
上國衣冠猶存敬，不辱使命當記省。

車過英倫海峽（一九九四）

一九九四年，余奉派率團來英考察，事畢在倫敦滑鐵盧車站乘通車未久之「歐洲之星」號列車，過英倫海峽至法國巴黎誌感。

昔日海峽為天險，今朝雙城鐵道連（註），
車行海底寂無聲，科技造福人勝天。

註：英國文學家狄更斯著《雙城記》，即指倫敦、巴黎二城市。

巴黎聖母院聆聖誕樂曲（一九九四）

一九九四年十二月，余適在巴黎參訪，聖誕節前夕往瞻聖母院，遇聖樂團演唱聖誕樂曲，甚受感動，賦此以作紀念。

聖堂巍峨靜悄然，光華璀燦耀古今，
樂音緩緩雲間起，清歌款款動心扉，
凝想珠峰晶瑩雪，諦聽天籟入管弦，
迴望塞河月明處，數聲餘韻駐心田。

杭州西湖 乙亥夏日（一九九五）

花外鶯啼曉，柳蔭獨步閒，蘇堤春意鬧，雷峰塔影高，
西泠宿花影，荷院賞魚樂，湖山多嬌豔，長憶西子嬈。

登長城（一九九七）

跨越群山氣勢宏，歷經千載展雄風，
我來非為充好漢，（註），為瞻世遺第一功（註）。

註：毛澤東詩詞有「天高雲淡，望斷南飛雁，不到長城非好漢」句。萬里長城已列入聯合國教科文組織世界文化遺產之一。

廈門雲頂岩眺望烈嶼、大二膽島（一九九七）

金廈本同府，一水隔兩方，烽火硝煙日，兄弟悲鬩牆，
幸喜干戈止，雲岩望舊鄉（註），統牌兩地舉，何日見真章。

註：烈嶼為余昔日戍守之地，並歷經「九三炮戰」。二担島與雲頂岩均樹立「統一中國」標語牌。

悼葉勞（二〇〇六）

葉勞原名蔚霞，為余小表姊之長子，少時與先長兄同窗，與我兄弟感情甚篤，驚聞遽逝，不勝悼念。（詩由二哥鳳來具名致輓）

憶君年少讀書狂，英倫習武志豪強（註），
思親歸國甘寂寞，簞食瓢飲氣慨莊，
肯將資財輸環保，皓首窮經著文章，
平和一生人稱道，耋年罹難實堪傷。

註：葉勞於一九四六年考取國民政府派赴英國皇家海軍學院潛艇軍士班學習。一九四九年英國與中共建交，中止學習遣送香港返大陸。

細雨遊寒山寺（二〇〇六）

斜風細雨過西塘，古剎浮圖映佛光，
楓江無從覓漁火，百錢敲澈寒寺鐘（註）。

註：遊客以人民幣百元，可敲寺鐘三響。

賀宇公鄉長九秩嵩壽（二〇〇八）

秦郵議壇領群英，台員博館展經綸，
上庠傳授國服史，功業卓著慶壽星。

參觀上海世博會（二〇一〇）

黃浦江畔開新局，世界博覽展奇功，
萬國參與慶盛世，千種奇珍顯神通，
遊客列隊如潮湧，愛心通道惠老翁，
百年盛會今朝現，舉世推崇大國風。

附記：二〇一〇年世博會在上海舉辦，建樹甥贈余參觀券二張，余偕妻於閉館前十日自蘇州往觀，此次參展國及國際組織達二四〇餘個，觀眾計達七三〇〇萬人次，可謂空前盛會，營運管理與安全維護，衛生環境之保護均值得贊賞。

復興崗畢業六十週年同學餐聚（二〇一三）

大屯山下群英聚，英士樓前志氣昂，
書劍雙修青雲志，文韜武略獻家邦，
六紀風雲藏詭譎，千秋志業付蜩螗，
且羨同儕多俊傑，還期七十再稱觴。

蘇州西園寺（二〇一三）

西園古剎久知名，戒幢持律佛法精，
聞道名將為護法（註），千載廟貌保莊嚴，
寺內設學弘佛法，宗風溈仰譽叢林，
清靜無塵修行地，共發菩提慈悲心。

註：據寺方稱，該寺在文革時得暹浩田將軍護持，故得保存寺貌如初。又該寺正名為戒幢律寺，俗稱西園寺。

浣溪沙 淡水紅毛城（二〇一四）

淡江緩緩入海流，觀音山對七星丘，鎮海古炮踞城頭。
通商口岸今何在？此地空餘紅毛樓（註），登臨蹤目思悠悠。

註：公元一八五八年中法天津條約訂淡水為通商口岸，紅毛城為洋人官舍。

清晨虎山行（二〇一五）

春日風和暢，清晨虎山行，遊人滿山徑，笑語穿林蔭，
佇立蒼松下，仰首觀太虛，野花隨意發，山鳥自在鳴。

烏來觀瀑（二〇一五）

紅櫻滿山谷，青山繞四周，靜觀銀河落，諦聽澗水鳴，
浮雲抹遠樹，斜日照椰林，蒼松永不老，山川自可親。

女兒邀二老遊澳門 威尼斯人酒店（二〇一六）

鳳管繁絃聲歌地，金鋪豪奢博奕鄉，
幸有氹仔好山水，遊人爭嚐葡餅香（註）。

註：氹仔島上名產為瑪格麗特餅店之葡式蛋撻。

清平樂 抒感（二〇一六）

寒梅開了，尋芳妍正好，世間群魔紛紛擾，惆悵此情誰曉？
暗香浮動黃昏，細語輕敲窗門，一枝瓶供齋內，物我兩情相存。

聆梆笛獨奏「陽明春曉」（二〇一六）

作曲家董榕森教授為復興崗六期校友，亦為余返校受訓之同窗。二〇一六年三月，臺北市立國樂團以「向國樂前輩致敬」為音樂會主軸，演出此曲，演奏者為林慧珊女士。

春到陽明花遍發，笛韻高雅意義深，
回戀風光明媚日，曲終掩卷悼斯人。

偕妻觀賞崑曲「玉簪記」（二〇一六）

笙笛樂韻曲悠揚，劇中書生戀妙常，
花影月下「琴挑」後，「秋江」舟中譜成雙。
劇藝演出臻化境，席上觀眾同讚賞，
教授辛勤播種意，揚我中華文化光。

附記：二〇一六年四月，白先勇教授為台灣大學崑曲講座，邀請蘇州崑劇團在台北市中山堂演出此劇，全場座無虛席，氣氛極佳，而樂聲悠揚，佈景純美，演出呈現高水準藝術。惟「秋江」一折，余多年前曾觀大鵬劇團演出，徐露小姐之妙常身段與動作之美至今難忘，并誌。

聞臨澤故居以先君名列為名人故居（二〇一六）

陋巷蝸居右，先人世澤長，
聞列名人居，欣喜復感傷。

與薛天縱將軍聆蘇州評彈（二〇一六）

三弦琵琶樂聲揚，吳儂軟語喜登場，
高歌吟唱「沈園」事，評話演説「雷雨」章（註），
一曲彈詞傳新韻，滿座掌聲震劇場，
雲中天籟人間少，水巷吳韻情意長。

附記：是日為評彈名家盛小雲女士來台，在台北市府親子劇場專場演出，觀眾老中青全場爆滿，聆曲誠一大賞心樂事也。

註：「沈園」為陸游釵頭鳳故事，「雷雨」為曹禺著名舞台劇。

悼鄧雪峰學長（二〇一六）

崗上相識正少年，逝水年華六十春，
大陳野店談兵事，竹林寓廬夜話情。
羨君丹青傲同輩，贈我墨荷增舍輝，
杏壇作育眾多士，一代宗師譽藝林。

憶夢（二〇一六）

余甚少作夢，前夕忽夢萬里海濱別墅事，緣因牟崇松學長執教光仁高中時，邀余參加該校教師在萬里別墅活動，實有深意，惜余正處於人生之最低潮，有負崇松兄美意。牟兄已逝，夢迴有感念之意識也。

萬里濤聲夜，夢迴故人情，閒庭花自落，明月證我心。

清平樂 丁酉初春述懷（二〇一七）

金雞報喜，問喜從何來？昨夜瑞蘭朵朵開，心事自然開懷。

世事本如浮雲，把爭擾化作塵，放下諸般煩惱，享有自在人生。

參觀故宮博物院 丁酉初二（二〇一七）

麗日家人走雙溪，故宮文物世間稀，
鎮館三寶鐘盤鼎，翠玉白菜正當行，
當年護寶人辛苦，留得寶藏供世觀，
且問為政何所事？前人典範在眼前。

新正遊三峽老街（二〇一七）

此峽非川峽，老街成鬧街，祖師廟貌古，學府氣象新，
雞山籠翠綠，大漢溪流清，與罷斜陽暮，樂此新歲情。

過車城牡丹鄉（二〇一七）

群山環抱豪氣藏，牡丹石門古戰場（註），
抗倭英靈永不死，空嘆台史忽斯章！

註：丁酉二二八假日，余遊墾丁，車遇牡丹鄉石門，此古戰場也。公元一八七四年，日本藉口四名琉球人被「生番」所殺，興師犯台與牡丹社原住民戰於石門，日人所至大肆殺戮，原民被害甚衆。對此史實，當局略而不提。

金教授招飲（二〇一七）

料峭春寒日，微雨三月天，
蒙君相招飲，席間會群賢，
張公豪邁客，吳老美鬚髯，
王君謙君子，文采均斐然，
主人金夫子，殷勤勸酒頻，

同屬曉園友，笑語話從前，
及時宜行樂，名利安足道，
運動以強身，忘憂亦忘年。

訪法鼓山寺（二〇一七）

深山藏名寺，殿宇氣慨新，禪宗開新脉，佛道人間行，
山門多志工，遊客自在行，素食噉飲足，滿載歡喜歸。

讀詩人鄧夏學長詩感賦（二〇一七）

讀「南窗吟草」字字珠璣，文采斐然。「元月六日有所思」一首，感觸良深，爰步原韻抒懷。

當年請纓上北投，書劍雙修忘煩憂，
名師傳授琴藝事，官生齊頌復興謳，
六紀光陰如駒逝，詭變風雲志難酬，

有心不計日將暮，與我華夏記心頭。

附「元月六日有所思」——政工幹校校慶日爲元月六日原韵

遼鶴皤然憶北投，風霜馬廄幾歡憂，
相携崗上凌雲筆，共詠琴前渡海謳，
天地無情情已逝，癡人有夢夢難酬，
休嗤健者傷遲暮，泉下英才早白頭。

女兒於紅屋餐廳為余慶生（二〇一七）

紅屋西廚居市廛，餐飲肴饌料理精，
生辰歲月何足道，感汝誠心慰雙親。

臨江仙 暮春感懷（二〇一七）

淡日東風吹柳絮，又是清明時節，山櫻落盡杜鵑紅，遠山青更清，溪水綠更明。　鄉關隔海家千里，念祖墳無處覓，流水落花思無緒，無奈鎖眉頭，感傷在心頭。

觀常玉畫 二〇一七年四月歷史美術博物館（二〇一七）

花都棲遲久，畫存故國心，傳統風骨在，構圖色調新，
緣何來台變？畫到人未臨，藝壇留法盛（註），憔悴獨斯人。

註：藝術界留法學人甚多，其中如林風眠、徐悲鴻、趙無極、朱德群等人均為享譽國際大師，常君在一九六六年因瓦斯中毒意外，於巴黎過世。

夜讀「木瀆鄉居」詩（二〇一七）

揚州市詩人作品選集內，錄有先君詩作「木瀆鄉居」一首，係八十多年前舊作，當時蘇州木瀆寧靜田園景象與先君恬適心情如躍紙上。而現今木瀆情景已大為改觀，謹敬步先君原韻，以示今日木瀆。

高樓華宇近酒家，車如流水人豪奢，
最是華燈初上後，音響市聲勝聚蛙。

附：木瀆鄉居原韻

炎天避暑到山家，切藕浮瓜樂事奢，
最是晚涼新雨後，青草地塘夜聽蛙。

附記：此詩係余在先君詩集中僅記憶之一首，（連同本輯首頁之五古為先君存世之二詩），曾寫入「懷念父親」一文中，揚州市詩社蒐入全市詩人作品選集內，惟在作者名下註「事蹟不詳」，經先姊楊鳳華女士去函補正，事在其所著「夕照吟」集。

無　題（二〇一七）

毀法亂紀斲國脈，民粹暴力種禍因，
老來不堪問世事，修身養性俟河清。

家人冶春茶社小酌（二〇一七）

故園老店冶春社，維揚風味入台員，
天涯栖遲早非客，蓴鱸之思已淡然。

金天成學長邀餐敘（二〇一七）

多年同窗誼，更感鄉友親，欣蒙相招飲，敘舊復論今。

註：當日同席有羅、唐諸學長，適逢台灣解除戒嚴令三十週年，新聞頭條公佈當年總統令之原簽稿，金兄為簽稿核稿人之一，引為當日談助。

卜算子 丁酉中秋（二〇一七）

幾番風和雨，姮娥愁見難，聆東坡水調歌頭，覺千載一夢。
且酙樽中酒，有桂子傳香，並菱藕月餅新蔬，過佳節中秋。

礁溪溫泉小憩「晶泉豐旅」旅次（二〇一七）

霜染楓紅間疏林，秋光凝寒意蕭森，
溫泉水暖除疲乏，浮生偷閒樂忘年。

觀 劇 中國國家話劇院在台北演出「北京法源寺」有感（二〇一七）

讀史最恨國事衰，戊戌故事照影來，
法源寺裡棠花落，維新君子捐塵埃。
女主擅專迷祖法，群小弄權亂紀綱，
瘖弱君王難成局，史事殷鑑堪可哀。

聽 琴（二〇一七）

網傳老嫗獨撫琴，八七碩齡記譜精，
梁祝音符指間滑，化蝶樂章動客心，

琴韻悠揚如流水，鍵音敘事富詩情，
華彩樂音人去渺，餘響入雲碧山青。

浣溪紗 士林官邸賞菊（二〇一七）

御園景物入畫圖，而今黎庶任遨遊，青史偉業黯然收。
陶令風骨已日遠，黃花弄姿爭迎秋，秋在心上更添愁。

後記

本書以「文存」為名，顧名思義就是錄存舊作以為紀念的意思。老實說，它的內容可能不合時代，不過，所持的理念，對社會世道人心亦有裨益之處。出版的最大動力，應歸於好友們的促成和鼓勵，藉此謹表感謝，並請尊敬的讀者諒察。

文存內論述部分：「英國地方政府人事制度及近年來中央文官制度的改革狀況」一文，是我率團赴英考察報告的自存紀念版本，本文與報告正本稍有不同，報告的正本，是由考察團全體成員共同具名提報，特予敘明。

論述部分，其中唐代詩人王維和清代畫家鄭燮二文，是我退休後重啓對藝術研究的成果。其實，當初的構思是擬以從唐朝迄清代每一朝代的畫家中，我所景仰的一位，作為研究對象，唐清兩代已如上述，宋代擬以「谿山行旅圖」作者范寬、元代「富春山居圖」的黃子玖、明代畫家文徵明等人。惟因年歲增長，不克一次完成，希望繼續努力，實現這個目標。

詩詞部分，原擬單獨印行，惟因篇幅過少、故併入本文存內。日後繼續創作，如與本輯合併後達到百首以上，則擬另以單行本印行。

本書的封底面，是由作者自行設計，以簡樸為主調，封底花鳥畫為拙作，其主旨為「好鳥枝頭亦朋友」之意。

楊國生　謹識二〇一八年元旦
於臺北